Christian Link
JOHANNES CALVIN

Christian Link

JOHANNES CALVIN

Humanist, Reformator, Lehrer der Kirche

TVZ

Theologischer Verlag Zürich

Gedruckt mit freundlicher Unterstützung der
Schweizerischen Reformationsstiftung SRS.

Die Deutsche Bibliothek – Bibliografische Einheitsaufnahme
Die Deutsche Bibliothek verzeichnet diese Publikation in der Deutschen
Nationalbibliografie; detaillierte bibliografische Daten sind im Internet
über http://dnb.ddb.de abrufbar

Umschlaggestaltung, Satz und Layout
Mario Moths, Marl

Umschlagbild: Porträt Calvins in jüngeren Jahren, Gemälde eines unbekannten
Künstlers um 1540, im Besitz der Wallonisch-Niederländischen Kirche zu Hanau

Druck
AZ Druck und Datentechnik GmbH, Kempten

ISBN 978-3-290-17510-8
© 2009 Theologischer Verlag Zürich
www.tvz-verlag.ch

INHALT

I. LEBENSLAUF

Der entscheidende Schritt

Im Frühjahr 1536 macht sich ein junger Gelehrter, der vor Jahresfrist wegen seines Glaubens aus Frankreich geflohen ist und in Basel sein erstes Asyl gefunden hat, noch einmal nach Paris auf, um dort einige letzte Angelegenheiten zu ordnen. Danach will er sich zusammen mit seinem Bruder und seiner Schwester außerhalb Frankreichs in einer befriedeten Stadt niederlassen und in Ruhe seinen Studien nachgehen. Er ist kein Unbekannter mehr. Vor wenigen Wochen ist ein aufsehenerregendes Buch aus seiner Feder erschienen, eine mit Leidenschaft geschriebene, ebenso brillante wie sachkundig argumentierende Darstellung der neuen »lutherischen« Lehre, die jene blutigen Verfolgungen ausgelöst hat und ganz Europa in Atem hält. Um nicht auch ihr Opfer zu werden, nimmt er ein Pseudonym an und begibt sich als Charles d'Espeville auf seine gefährliche Reise. Der Rückweg soll über Straßburg in die Schweiz führen. Doch weil die Straßen nach Osten wegen kriegerischer Auseinandersetzungen gesperrt sind, muss er einen gewaltigen Umweg über Lyon und Genf nehmen. Nur für ein Nachtquartier will sich dieser Flüchtling in der Rhonestadt aufhalten. Doch sein Freund Louis du Tillet entdeckt ihn dort und macht ihn unter seinem bürgerlichen, inzwischen wohlbekannten Namen *Calvin* mit Magister Guillaume Farel bekannt, dem unermüdlichen Vorkämpfer der reformatorischen Bewegung, die in Genf gerade begonnen hat.

Farel, »von brennendem Eifer für das Fortschreiten des Evangeliums verzehrt«, wie Calvin im Rückblick schreibt, unternimmt alle Anstrengungen, ihn als Mitarbeiter zu gewinnen und in der Stadt zurückzuhalten. Umsonst. Der Wunsch, die gelehrte Arbeit fortzusetzen, ist stärker. Es kommt zu einer dramatischen Auseinandersetzung. Als Farel sieht, dass er mit Bitten nichts erreichen kann, lässt er sich zu einer furchtbaren Beschwörung hinreißen, »wie wenn Gott von oben herab seine Hand ausgestreckt und auf mich gelegt hätte, um mich anzuhalten« (CO 31,26): »Da du deine Studien vorschützt, so weissage ich dir im Namen des allmächtigen Gottes, dass dich, wenn du dich nicht mit uns an dieses Werk Gottes machen und also nicht Christus wie dich selbst suchen willst, der Herr verfluchen wird.« Von diesen Worten im Innersten getroffen und erschüttert, bricht Calvin seine angefangene Reise ab. Er bleibt in Genf. Er wird der Reformator dieser Stadt, deren Ausstrahlungen nach Westeuropa und später in die ganze Welt hinausreichen.

Eine ungewöhnliche Berufung, durch die sich Calvin an die Seite des biblischen David gestellt sieht. Die Gestalt Davids wird ihm – weit über diesen ersten Anfang hinaus – in seinen Kämpfen und Niederlagen in der entsagungsvollen Arbeit an der Erneuerung der Kirche, auch in seiner oft angefochtenen Stellung in Genf zum Vorbild und Orientierungspunkt werden. Auf dem Höhepunkt seiner öffentlichen Wirksamkeit gibt er, der sonst nur mit größter Zurückhaltung und Scheu Dinge seines persönlichen Lebens berührt hat,

Calvin (1509–1564), Porträt eines unbekannten Künstlers (16. Jh.)

dem Leser einen Einblick in seinen inneren Werdegang. Im Vorwort zum Psalmenkommentar (1557) schreibt er:

Wie David von den Schafhürden weg zur höchsten Stelle im Reich erhoben worden ist, so hat Gott mich aus meinen dunklen

und geringen ersten Verhältnissen emporgezogen und mich des
ehrenvollen Amtes gewürdigt, ein Verkünder und Diener seines
Evangeliums zu sein. – Deshalb ist es für mich von großem Nutzen,
bei ihm wie in einem Spiegel den Anfang meiner Berufung und
den weiteren Verlauf meiner Wirksamkeit zu sehen, … so dass
dieser herrlichste König und Prophet … mir zum Vorbild gegeben
ist. (CO 31,21)

Was für ein Weg hat ihn, der zu einem glänzenden Renaissance-
Gelehrten prädestiniert zu sein schien, zu diesem Wendepunkt in
seiner Biografie geführt?

Schule und Studienzeit

Calvin wird am 10. Juli 1509 in Noyon, einem Bischofssitz in der
französischen Picardie, geboren. Sein Vater, Girard Cauvin, der sich
vom Notar bis zum Finanzverwalter des dortigen Domkapitels em-
porgearbeitet, im Übrigen aber ein durchaus kritisches Verhältnis
zur Kirche hat, erwirkt für ihn eine Pfründe, die ihm Ausbildung und
Studium ermöglicht, bis er diese 1534 in aller Form zurückgibt. Als
12-Jähriger wird er nach Paris auf das Collège de la Marche geschickt,
muss aber auf willkürliche Veranlassung eines seiner Vorgesetzten
auf das Collège de Montaigu wechseln. Beides waren mit barba-
rischer Strenge geführte Anstalten, denen die späteren Zöglinge
Erasmus und Rabelais je auf ihre Weise ein düsteres Denkmal gesetzt
haben: »Die gefangenen Sklaven bei den Mauren und Tataren, die
Mörder im Zuchthaus, ja auch die Hunde in ihrem Käfig sind um
vieles besser gehalten als die Tölpel in genannter Hochschule.«
(Rabelais) Wenn Calvin dort trotzdem eine exzellente Ausbildung
genossen hat, so ist das in erster Linie Maturin Cordier zu verdanken,

einem hervorragenden Latinisten und führenden Pädagogen der Zeit, den Calvin in bleibender Dankbarkeit später an das Genfer Gymnasium von Rive und an die Akademie berufen hat. Auf ganz andere Weise prägend wird für ihn die Studienzeit. Auf Wunsch seines Vaters, der ihn ursprünglich für die Theologie bestimmt hatte, beginnt Calvin mit der Jurisprudenz: zunächst in Orléans als Schüler des nachmaligen Parlamentspräsidenten von Paris, Pierre de l'Estoile, der ihn trotz seiner traditionsgebundenen protestantenfeindlichen Haltung tief beeindruckt, später in Bourges, wo er die Vorlesungen des berühmten Italieners Andrea Alciati hört. 1533 erwirbt er den Titel eines Doktors der Rechte. Sein theologisches Denken, so hat man nicht zu Unrecht gesagt, bleibt zeitlebens geprägt von der Strenge und Faszination des Gesetzes. Entscheidender sind in diesen Jahren jedoch die Begegnungen und Freundschaften mit Männern, die seiner Lebensplanung, für ihn selbst kaum merklich, eine andere Richtung geben. Dazu gehören Gerard Roussel, der spätere Bischof von Oloron, ein Mitglied des Kreises der Reformkatholiken um Margarete von Navarra in Nérac, Nicolas Duchemin, der spätere Offizial des Bischofs von Le Mans – beide übrigens die Adressaten der Sendschreiben von 1537, die den Bruch mit dem Gottesdienst und Kultus der römischen Kirche proklamieren –, vor allem aber der Graezist Melchior Wolmar aus Rottweil und vielleicht schon damals der bei Wolmar in Pension lebende junge Adlige Theodor von Beza. Dieser wird als Rektor der Genfer Akademie Calvins Lebenswerk nach dessen Tod weiterführen. Wolmar gilt als Mittelpunkt einer kleinen Gruppe, in der Gedanken und Ideen Luthers aufgenommen und verarbeitet worden sind. Er dürfte auch der Erste gewesen sein, der Calvin den Zugang zum Evangelium erschlossen hat, auch wenn die frühere These, er habe ihn zum Studium der Theologie oder gar zu seinem Wirken als Reformator veranlasst, sicher zu gewagt ist. Immerhin gilt als sicher, dass Calvin sich seit den frühen dreissiger Jahren zunehmend dem Einfluss der Schriften Luthers und anderer Vertreter der »evangelischen« Bewegung geöffnet hat, und es gibt eine Überlieferung, wonach er seine ersten Predigten in Bourges und in den Dörfern der Umgebung, Lignières und Asnières-les-Bourg, gehalten habe. Die bis zur Mitte des 19. Jahrhunderts dort stehende Brücke, die die Stadt mit diesen Dörfern verband, hat man zur Erinnerung an diese Predigten »Calvin-Brücke« genannt. Dennoch betritt Calvin die literarische Bühne mit einem Kommentar über Senecas *De clementia* (1532) in der mehr oder weniger erklärten Absicht, sich als

Calvins Nachfolger in Genf, Theodor von Beza (16. Jh.)

Konkurrent des Erasmus in der humanistischen Welt einen Namen zu machen – ein Versuch, der allerdings wenig erfolgreich gewesen ist.

Die »plötzliche Wende«

»Der Kern der vita Calvini bleibt ein Rätsel«, schreibt sein Biograf Bernard Cottret. Wann sich nämlich die entscheidende Wende seines Lebens zugetragen hat und wie aus dem brillanten Humanisten der Reformator Genfs geworden ist, diese Frage ist – mit gutem Grund – bis heute umstritten und wird sich mit abschließender Gewissheit nie klären lassen. »Gott hat mein Herz, das für sein Alter schon ziemlich verhärtet war, durch eine plötzliche Bekehrung *(subita conversio)* zum Gehorsam gebracht«, heißt es in der Vorrede zum Psalmenkommentar. Liest man diesen Satz nicht (wie fast durchweg in der älteren Forschung geschehen) durch die pietistische Brille des 19. Jahrhunderts, stellt man ihn vielmehr, wie von Calvin doch zweifellos gemeint, in die Parallele zu David, dann wird man kaum mit einem spektakulären »Durchbruch« rechnen dürfen. Man wird die Pointe sehr viel undramatischer darin zu sehen haben, dass Gottes Macht und Güte über seinem wie über Davids Leben stand und ihn, (wie der Satz fortfährt), den »ersten Geschmack *(aliquis gustus)* an wahrer Frömmigkeit« hat finden lassen. Also kein »Damaskus«-Erlebnis wie bei Paulus, sondern eher der Beginn einer Krise, ausgelöst durch die bewusste Begegnung mit dem Gedankengut der Reformation. Denn wenn es sich hier um ein verborgenes, sein Leben veränderndes Wirken Gottes handelt, um ein Bewegtwerden durch Gottes Hand, dann wird man aus dieser Wandlung nicht gut ein historisch datierbares, zeitliches Ereignis machen können. Historisch greifbar ist nur jener »erste Geschmack«. Er ist das Ereignis in der *Zeit,* die *subita conversio* ist die *Erkenntnis* dieses Ereignisses.

Die Jahre 1528 bis 1533, die hier in Frage kommen, sind eine Zeit des Suchens, der Unruhe, des Aufbruchs. Für diese Sicht der Dinge spricht nicht zuletzt eines der wenigen autobiografischen Zeugnisse, das Calvin in seinem Brief an den Kurienkardinal Jakob Sadolet (1539) niedergelegt hat:

In der Zwischenzeit war eine gründlich veränderte Form der Lehre entstanden, die uns nicht vom christlichen Bekenntnis abzog, sondern an seine Quelle heranführen und es, wie von Schlacken befreit, in seiner ursprünglichen Reinheit wiederherstellen wollte. Befremdet von dieser Neuerung wollte ich ihr mein Ohr kaum leihen und habe ihr – ich gestehe es – anfangs tapfer und mutig widerstanden, zumal … ich mich nur mit Mühe zu dem Eingeständnis bewegen ließ, ich hätte mein ganzes bisheriges Leben in Irrtum und Unwissenheit verbracht. Und besonders eines hinderte mich daran, jenen Leuten zu glauben: meine Ehrfurcht vor der Kirche. Aber nachdem ich einmal meine Ohren geöffnet und mir die Belehrung hatte gefallen lassen, erkannte ich wohl, dass meine Befürchtung, es könnte die Hoheit der Kirche geschmälert werden, völlig unbegründet war. (CStA 1.2, 417.22–36)

Anwalt der reformatorischen Bewegung

Am Ende dieser Jahre und von da an bis zu seinem Tode tritt uns Calvin als der engagierte Anwalt der reformatorischen Bewegung entgegen, als den man ihn kennt. Das zeigt sich gleich schon mit dem ersten riskanten Unternehmen, auf das er sich im Licht der Öffentlichkeit einlässt: Der Streit zwischen der konservativen, scholastisch ausgerichteten Sorbonne und den vom König begünstigten Humanisten hat durch eine törichte Aktion der Studenten einen neuen Höhepunkt erreicht. Der junge Medizinprofessor Nicolas Cop, der zu den reformerisch-humanistischen Kräften gehört, ist als neu gewählter Rektor der Universität dazu ausersehen, am Allerheiligentag 1533 mit seiner Antrittsrede die Fronten zu klären und zum Gegenschlag auszuholen. Er wird dieser Aufgabe in vollem Umfang gerecht, allerdings anders, als die erstaunten Zuhörer es erwartet haben mochten. Auf einer katholischen Kanzel bekommen sie eine rein evangelische, von Erasmus und Luther inspirierte Rede – um nicht zu sagen: eine Predigt – von mitreißender Kraft zu hören, die in einem klaren Aufbau die Grundlinien der Rechtfertigungslehre entfaltet und dabei anhand der zwei letzten Seligpreisungen (Mt 5,1ff.) auch unverblümt auf die Sorgen und Gefahren der Stunde eingeht: Cop spricht nämlich auch über die »Verfolgung um der Gerechtigkeit willen«, die den Anhängern des neuen Glaubens droht. Nach allem, was wir heute wissen, ist der Verfasser dieser mutigen Rede aber ein anderer (ein damals keineswegs unehrenhafter Brauch): Calvin!

Die Reaktion bleibt nicht aus. Die Rede ruft eine ungeheure Erregung im Parlament hervor, das auf Anzeige der Kapuziner Cop und Calvin verhaften lassen will. Cop flieht in seine Heimatstadt Basel. Auch Calvin, durch dessen Flucht gewarnt, verläßt auf schnellstem Wege Paris – wie die Legende sagt: in den Kleidern eines Weinbauern und mit einer Haue auf der Schulter – und begibt sich auf Einladung seines Freundes, des Domherrn Louis du Tillet, nach Angoulême. Er ist in die Stellung eines Verfolgten gedrängt, in die Situation der späteren Hugenotten, die für sein ganzes Lebenswerk charakteristisch geblieben ist. Es beginnt nun eine Periode unsteten Wanderlebens. In Angoulême hält er sich mehrere Monate auf und nutzt den sicheren Zufluchtsort, um in der reichen Bibliothek seines Freundes den Entwurf und die Anfangskapitel der *Institutio* niederzuschreiben. Im April 1534 ist er in Nérac am Hof der Königsschwester Marguerite von Navarra, einem geheimen Zentrum verfolgter, vom Parlament bedrohter Protestanten und Gelehrten. Diese Dissidenten sammeln sich vornehmlich um Lefèvre d'Etaples, einen der berühmtesten Humanisten Frankreichs, dessen Kommentare der Psalmen (1509) und der paulinischen Briefe (1512) für die reformierte Schriftsauslegung bahnbrechend gewesen sind.

Von dort zieht er weiter nach Noyon, regelt den Verzicht auf seine Pfründen, und begibt sich nach einem Zwischenaufenthalt in Paris – dort soll er zum ersten Mal mit seinem schärfsten Widersacher, dem spanischen Arzt Michael Servet, zusammengetroffen sein – nach Poitiers, wo sich schnell ein Kreis Gleichgesinnter um ihn sammelt und die ersten Gottesdienste nach reformiertem Ritus gefeiert werden. In Orléans vollendet er seine erste theologische Schrift, die *Psychopannychia,* eine Abhandlung über die »Wachsamkeit der Seelen«. In ihr versucht er, die von den Täufern vertretene Auffassung vom Seelenschlaf der Verstorbenen zu widerlegen. Schließlich verlässt er 1535, dem wachsenden Druck weichend, Frankreich, um in Basel unter dem Pseudonym Lucianus ein dauerhaftes Asyl zu finden. Hier wird er die *Institutio* fertigstellen, die nach ihrem Erscheinen 1536 seinen Namen über Nacht in der protestantischen Welt bekannt macht und ihn zum Wortführer ihres westlichen Flügels werden lässt.

Dem Buch ist ein bemerkenswerter Brief an König Franz I. beigegeben, der einen bedrückenden Einblick in die verzweifelte Situation der verfolgten Protestanten in Frankreich gibt. Er ist als Widmungsschreiben allen späteren Auflagen vorangestellt. Man hat ihn ähnlich wie den späteren Sadolet-Brief (1539) mit Recht eine klassische Apologie der Reformation genannt. Calvin tritt als ein ebenso leidenschaftlicher wie glänzender Anwalt für die »Luthériens« (so die dortige Sprachregelung) ein: Als Redner appelliert er an die öffentliche Meinung, die es in dieser Sache damals durchaus schon gab, als Doktor der Rechte wendet er

CHRISTIA

NAE RELIGIONIS INSTI-
tutio, totam ferè pietatis fummã, & quic
quid eft in doctrina falutis cognitu ne-
ceffarium, complectens : omnibus pietatis ftudiofis lectu digniffi-
mum opus, ac re
cens edi-
tum.

PRAEFATIO AD CHRI
ftianißimum REGEM FRANCIAE, qua
hic ei liber pro confeßione fidei
offertur.

IOANNE CALVINO
Nouiodunenfi autore.

BASILEAE,
M. D. XXXVI.

Titelblatt von Calvins
Hauptwerk *Christianae
Religionis Institutio*
1. Auflage 1536

sich an die Jurisdiktion des Königs, als Theologe formuliert er die unverrückbaren Basissätze der reformierten Lehre. Jenseits seiner unbestrittenen theologischen Bedeutung hat die jüngere französische Forschung diesen »unsterblichen Brief« auch als ein erstrangiges Dokument der Literaturgeschichte gewürdigt. Nach dem Urteil Abel Lefrancs kann die politische Beredsamkeit Frankreichs ihn als ihr »erstes und authentisches Modell« beanspruchen.

Erste Genfer Wirksamkeit und Straßburger Exil

Nach dem »schicksalhaften« Zusammentreffen mit Farel, von dem eingangs die Rede war, bricht Calvin seine Reise ab und widmet sich in Genf der ihm zugedachten Aufgabe der Organisation und des energischen Aufbaus einer Kirche, die ihren christlichen Namen verdient. Diese von seinem Verständnis des Christentums her notwendige und geforderte Aufgabe verfolgt er fortan – selbst auf die Gefahr hin, dass sie ihn nötigt, sich gelegentlich auf kompromittierende Weise auf die Problematik der Welt des 16. Jahrhunderts einzulassen. Mit einer noch heute staunenerregenden Zielstrebigkeit wendet er sich in den folgenden Jahren diesem neuen Tätigkeitsfeld zu. Noch 1536 legt er dem Rat der Stadt gemeinsam mit den Genfer Predigern Vorschläge zur Neuordnung der Kirche vor: noch keine regelrechte Kirchenordnung – die wird erst 1541 entworfen –, wohl aber den Versuch, der in Entstehen begriffenen reformierten Kirche eine theologisch verantwortliche Gestalt zu geben. Diese »Artikel« werden in leicht revidierter Form 1537 vom Rat angenommen. Kurz darauf erscheint der erste *Genfer Katechismus* (1537). Doch die damit der Bevölkerung abgenötigten Schritte sind offenbar zu groß. Die in beiden Dokumenten erhobene Forderung nach Durchsetzung der Kirchenzucht, erst recht die als Zumutung empfundene Anordnung, eine Zusammenfassung des Katechismus in Form eines öffentlichen Bekenntnisses zu unterschreiben, stoßen auf erheblichen Widerstand der Genfer Bürger. Als der 1538 neu gewählte Magistrat aus politischen Gründen die Berner liturgischen Bräuche über die Köpfe der Prediger hinweg einzuführen beschließt (was Calvin als schweren Eingriff in die von ihm geforderte Selbständigkeit der Kirche wertet), kommt es vollends zum Bruch. Der Rat reagiert mit einem Predigtverbot, an das sich die Pfarrer nicht halten, und als sie sich weigern, in dieser gespannten Situation das traditionell an Ostern gefeierte Abendmahl auszuteilen, werden sie ihrer Ämter enthoben und aus der Stadt verwiesen.

Farel findet in Neuchâtel ein neues Wirkungsfeld, Calvin, ein weiteres Mal zum Flüchtling geworden, wendet sich nach Straßburg und übernimmt unter der Ägide des dortigen Reformators Martin Bucer die Leitung der französischen Flüchtlingsgemeinde. Hier kann er weitgehend durchsetzen, was ihm in Genf missglückt war. Vor allem aber wird er mit den oberdeutschen kirchlichen Verhältnissen und Reformbestrebungen bekannt. Er nimmt an den Religionsgesprächen in Hagenau, Worms sowie in Regensburg teil und lernt bei dieser Gelegenheit Melanchthon persönlich kennen, mit dem ihn von da an eine dauerhafte Freundschaft verbindet. Die ruhigen Straßburger Verhältnisse erlauben ihm, die *Institutio* in einer stark erweiterten Fassung (1539) erscheinen zu lassen. Mit der Veröffentlichung des Römerbrief-Kommentars (1540) legt er den Grundstein zu seinem imponierenden exegetischen Werk. In Idelette de Bure gewinnt er schließlich auch seine überaus tüchtige, nach nur kurzer Ehe allzu früh verstorbene Frau.

Warum aber hat Calvin diesen sicheren Zufluchtsort dann doch wieder verlassen – oder richtiger: nicht ohne schwere Bedenken sich von ihm losgerissen? In Genf hatte sich während seiner Abwesenheit die Lage dramatisch zugespitzt. Nach seinem Weggang schien es für Rom ein Leichtes zu sein, das verlorene Terrain zurückzugewinnen. In dieser Situation richtet der Kurienkardinal Sadolet 1539 in einem Meisterstück geschickter Diplomatie eine Einladung an die Genfer, in den Schoß der alten Kirche zurückzukehren, eine Einladung, die ihre Wirkung nicht verfehlt. Da man unter den verbliebenen Pfarrern keinem die intellektuellen und theologischen Fähigkeiten zutraut, diesem Ansinnen Paroli zu bieten, entschliesst man sich – nicht ohne sanften Druck aus Bern – Calvin zu bitten, die Aufgabe einer »schroffen Zurückweisung« zu übernehmen. Sein Antwortschreiben, nach dem Urteil des katholischen Historikers Fr. W. Kampschulte »eine der glänzendsten Streitschriften, die je aus seiner Feder geflossen sind«, ist eine derart klare Absage und zeugt zugleich von einer so tiefen Verbundenheit mit Genf, dass man ihn in aller Form in die Stadt seiner früheren Wirksamkeit zurückruft. Hier führt er nun – oft genug in harten Auseinandersetzungen mit katholischen Widersachern und libertinistischen Gegnern aus den eigenen Reihen – mit der ihm eigenen Konsequenz und Strenge das begonnene Reformwerk weiter – als Reformator Westeuropas.

Genf 1548, eine frühe, ziemlich authentische Darstellung der Stadt zu Zeiten Calvins (Basel 1550)

II. DER REFORMATOR WESTEUROPAS: SEINE THEOLOGIE UND SEINE ZEIT

Herausforderungen der »zweiten« Reformation

Calvins Theologie ist von ihren ersten Anfängen an eine ausgesprochen streitbare Theologie. Das hängt mit den besonderen Bedingungen zusammen, unter denen sie sich – zunächst in Frankreich, dann in Genf – behaupten musste. Nicht nur die veränderte historische Situation, sondern – was fast noch mehr zählt – der kulturell und politisch ganz anders bestimmte Raum, in dem er zu wirken hatte, stellen seine Theologie vor Aufgaben und Herausforderungen, die mit dem Aufbruch der deutschen und der Schweizer Reformation kaum vergleichbar sind. Die Reformation steht seit ihrem Beginn in Frankreich sozusagen im Schatten der von Luther oft erwogenen Möglichkeit, dass das Wort Gottes, nachdem es wie ein Platzregen das Land zum Blühen gebracht hat, auch wieder von der

Erde weggenommen werden könnte. Die schönsten Blüten hatte Deutschland mit dem Übertritt ganzer Städte und Fürstentümer zum »neuen Glauben« gesehen. Mit der Wiederentdeckung der paulinischen Rechtfertigung, dem Ruf zu »christlicher Freiheit« und der dadurch ausgelösten Neugestaltung der Gottesdienste, verbunden mit einer durchgreifenden Reform des Gemeindelebens, war der entscheidende Durchbruch gelungen. Und wo man andernorts an kirchlichen Neuerungen arbeitete, im Kreis der Humanisten und selbst in der römischen Kurie im Kreis um Kardinal Contarini, da blickte man mehr oder weniger gespannt nach Wittenberg.

Im Rückblick sehen wir sehr viel deutlicher, dass dieser beeindruckende Aufbruch in der Tat nur ein Anfang gewesen ist. Schon bald wurde er überschattet von Ereignissen, die man nur als große Passivposten der Reformation verbuchen kann: 1525 der Bauernkrieg, 1527/28 die Kontroverse um das Abendmahl zwischen Luther und Zwingli, 1531 der Tod des Zürcher Reformators bei Kappel, 1534 die kompromittierende Katastrophe des Täufertums in Münster. Dann 1540 die Gründung des Jesuitenordens und der Beginn der Gegenreformation, 1544 die Eröffnung des Konzils von Trient mit seinen antiprotestantischen Canones. Schließlich 1546 der Tod Luthers und von 1549 an die aufreibenden Lehrstreitigkeiten seiner großen und kleinen Nachfolger, die das Luthertum lähmten und ihm jede Kraft nahmen, aktiv in die kommenden Auseinandersetzungen einzugreifen und sich neuen Herausforderungen zu stellen. Das ist die Situation, in die Calvin als Reformator der zweiten Generation hineingewachsen ist und in der er versucht hat, die auseinanderfallenden Kräfte noch einmal zu bündeln.

Das ihm gestellte Thema ist die Frage nach der Gestalt einer Kirche, die angesichts des politischen und – mehr noch – des von Rom ausgehenden Widerstandes das neu entdeckte Evangelium glaubhaft

Das Licht des Evangeliums, von den Reformatoren auf den Leuchter gestellt, von den Widersachern bedroht (Jan Houwens, 17. Jh.)

vertreten und im Wortsinne verteidigen kann. Dass der Gerechte aus *Glauben* lebt, das wusste man. Wie man aber diesen Glauben *bewährt,* wie man ihn angesichts wachsender Konflikte und nicht abreißender Kämpfe auch in den eigenen Reihen tatsächlich *lebt,* das stand keineswegs ebenso sicher fest. Es ist das *ethische* Problem, das jetzt erst mit der ihm eigenen Dringlichkeit in den Gesichtskreis tritt. Indem Calvin an dieser Front umsichtiger, sicherer, aber auch kompromissloser geredet hat als das Luthertum, hat er (mit den Worten Karl Barths) die Reformation »welt- und geschichtsfähig« gemacht. Er hat sie – nicht zuletzt durch seine Streitschrift gegen die diskriminierenden »Artikel der Sorbonne« und durch den ersten evangelischen Kommentar zu den Canones von Trient – wirksam auf die anstehende große Auseinandersetzung mit der Gegenreformation vorbereitet, der sie ohne seine Genfer Schülerschaft aller historischen Wahrscheinlichkeit nach erlegen wäre. Man begreift auf diesem Hintergrund vielleicht am besten, dass er in seiner Theologie sehr bewusst andere Akzente gesetzt hat als der von ihm zeitlebens hoch verehrte Luther. Es sind die Lehrstücke der *Vorse-hung* und *Erwählung,* die Betonung des unverbrüchlichen *Bundes,* den Gott mit seiner Gemeinde geschlossen hat, insbesondere die breit ausgebaute *Ekklesiologie,* die Lehre von der Kirche, die seiner Dogmatik das unverwechselbare Profil geben: Themen also, die sozusagen von sich her den Schritt vom Glauben ins Leben unvermeidlich machen.

Schließlich muss man sich vergegenwärtigen, dass die Gemeinden, mit denen es Calvin zu tun hatte, deren Weg er mit zahllosen Gelegenheitsschriften nicht nur zu dogmatischen, sondern oft genug zu politischen Fragen begleitete, sich von Anfang an in der Situation einer bedrängten Minderheit vorfanden. Es war im heutigen Sprachgebrauch eine Untergrundkirche, die sich namentlich in Frankreich blutigsten Verfolgungen ausgesetzt sah. Die Märtyrerchronik des nach Genf geflüchteten Juristen Jean Crespin verzeichnet bis zum Todesjahr Calvins über 3000 Inquisitionsprozesse, die mit Todesurteilen und Hinrichtungen endeten. Es gibt unter den vielen Zeitzeugnissen zwei bewegende Briefe Calvins an fünf Lausanner Theologiestudenten, die auf ihrer Rückreise von Südfrankreich in Lyon als Ketzer verhaftet wurden und später auf dem Scheiterhaufen starben. Die *Hugenotten* wurden zu einem ganz Europa erschütternden Exempel. Als »Kirche unter dem Kreuz« haben sie sich in Flüchtlingsgemeinden (Wesel, Frankfurt, Straßburg) zum Teil neu organisieren können. Diese Verfolgungssituation – auch Calvin ist ja als Flüchtling nach Genf gekommen und hat unter diesem Schicksal schwer gelitten – unterscheidet die reformierten Anfänge am tiefsten von der Reformation in Deutschland und in der Schweiz. Dort konnte sie sich mit der weltlichen Obrigkeit verbünden und ist durch sie groß geworden. Hier musste sie sich gegen den Trend der Zeit und gegen einen sie mit allen Mitteln unterdrückenden Staat behaupten. Calvin wird zum Sprachrohr der Verfolgten. Seine

Theologie, die in hautnahem Kontakt mit diesen Herausforderungen der Zeit zu ihrer Endgestalt herangewachsen ist, ist die erste kontextuelle Theologie Europas.

Eine verfolgte Kirche: Galeerenstrafen für die Hugenotten (Gravur, 18. Jh.)

Auseinandersetzungen und Kontroversen

1. Der Humanismus

Zu den gleichwohl einflussreichen Strömungen, die der Reform der Kirche auf beiden Seiten des Rheins mit besonderer Aufgeschlossenheit begegneten, gehört der aus der italienischen Renaissance hervorgegangene Humanismus. Mit dem neu erwachten Interesse für das klassische Altertum, auch für den Urtext der Bibel – alle Reformatoren haben mit dem von Erasmus edierten griechischen Neuen Testament gearbeitet –, verbindet sich das Ideal der *humanitas*, verstanden als Vereinigung von Bildung und Ethik. Die entschieden vollzogene Abkehr vom »dunklen« Mittelalter geht mit einer ausgeprägten Diesseitigkeit einher; die Aufgabe der Weltgestaltung steht im Zentrum aller literarischen, wissenschaftlichen und politischen Bemühungen der Zeit.

Calvin ist während seines Studiums der Jurisprudenz in Orléans (nicht zuletzt als Schüler Pierre de l'Estoiles) mit dieser humanistischen Bewegung bekannt geworden. Sein Erstlingswerk ist, wie erwähnt, ein Kommentar zu Senecas herrschaftskritischer Schrift *De clementia*. Darin macht er – methodisch ganz auf der Höhe der von Erasmus etablierten Auslegungsgrundsätze – dem Tyrannen, »der gegen den Willen seiner Untertanen regiert oder seine Macht schrankenlos ausübt«, förmlich den Prozess. Von den bedrückenden Zeitumständen, die in Frankreich eben dies erfordert hätten, ist hier jedoch noch nicht die Rede. Es war indessen ebenfalls ein Humanist, der oben erwähnte Melchior Wolmar, der ihn, wie man vermutet, als erster mit den Schriften Luthers bekannt gemacht und die Wende vorbereitet hat, die er später als *subita conversio* beschreibt. Nicht, dass er sich damit von der dort erhaltenen geistigen und intellektuellen Prägung losgesagt hätte. Einen dramatischen Bruch mit dem Renaissance-Humanismus, wie ihn Luther mit seiner Schrift »Vom unfreien Willen« provozierte, hat Calvin nie vollzogen. Er ist einer der besten Latinisten des 16. Jahrhunderts geblieben und hat den in der Jugend erworbenen Ruhm eines ausgezeichneten Humanisten bis ans Ende behauptet, freilich auf andere Weise. Er transponiert die Inhalte der humanistischen Tradition in einen von seiner Theologie bestimmten Kontext. Ihre philologischen Kenntnisse, insbesondere die wiederentdeckte Rhetorik, stellt er in den Dienst seiner Schriftauslegung, die in ihrer Genauigkeit und argumentativen Schärfe fast schon moderne Züge trägt. Die profanen Wissenschaften, die dort die Größe des *Menschen* verherrlichen sollen, gelten ihm als herrlichste Gaben des *Schöpfers.* So schreibt er ausgerechnet in sein Kapitel über den unfreien Willen, die »eiserne Ration« des neuen Protestantismus, Sätze hinein, die Luther nie aus der Feder geflossen wären:

> *Sooft wir heidnische Schriftsteller lesen, leuchtet uns aus ihnen wunderbar das Licht der Wahrheit entgegen. Daran erkennen wir, dass der menschliche Geist zwar aus seiner Wahrheit herausgefallen, ... dass er aber auch jetzt noch mit hervorragenden Gottesgaben ausgerüstet ist. Bedenken wir nun, dass der Geist Gottes die einzige Quelle der Wahrheit ist, so werden wir die Wahrheit, wo sie uns auch entgegentritt, weder verwerfen noch verachten – sonst wären wir Verächter des Geistes Gottes ... Wie auch? ... Sollen wir die für unsinnig erklären, die uns durch die Ausbildung der Heilkunde mit solchem Fleiß gedient haben? Und was sollen wir von den mathematischen Wissenschaften sagen? Sollen wir sie für Raserei von Irrsinnigen halten? Nein, wir können die Schriften der Alten hierüber nicht ohne große Bewunderung lesen ... So wollen wir nicht übersehen, dass diese Fähigkeiten herrlichste Gaben des Geistes Gottes sind, die er zum gemeinen Besten des Menschengeschlechts nach seinem Willen austeilt ... Da hat nun keiner zu fragen Anlass: Was haben denn die Gottlosen mit dem heiligen Geist zu schaffen? (Inst II,2,15+16; OS III, 258.10–27. 38–259.2)*

Der Humanismus schuf die Voraussetzungen des geistigen und religiösen Lebens im 16. Jahrhundert. Er weckte nicht nur den Sinn für die Antike, sondern regte auch zum Studium der eigenen Vergangenheit an und blieb doch nicht frei von einer tiefen Zweideutigkeit. Die Aufwertung der Antike musste auf eine »Christianisierung der Alten und (wie sich im späteren Calvinismus zeigte) auf eine Paganisierung des Christen« (Cottret, 51) hinauslaufen. So konnte Guillaume Budé, sein glänzendster Vertreter in Frankreich, Jesus Christus in einer erstaunlichen Meditation über das Kreuz mit Herkules vergleichen und das Kreuz als »eine Art Keule des himmlischen Herkules« beschreiben, der über die Sünde triumphiert.

Dennoch kann man Beginn und Ausbreitung der Reformation in Frankreich ohne die Wirksamkeit humanistischer Kreise nicht verstehen. Von besonderer Bedeutung ist die Gestalt Lefèvre d'Etaples (1455–1536) und die von ihm geschaffene Verbindung von Humanismus und Biblizismus. Aus dem Kreis seiner theologischen Schüler, die sich nach der Verurteilung ihrer Lehrmeinungen durch die Sorbonne um Bischof Briçonnet von Meaux sammelten (1520), stammen Guillaume Farel, Calvins engster Mitstreiter in Genf, François Vatable, Gérard Roussel (man würde ihn heute einen Reformkatholiken nennen) und andere, die den Boden für das starke Echo der calvinischen Theologie bereitet haben. Ein zweites Zentrum der neu sich formierenden Bewegung war der Hof der Königsschwester Margarethe von Angoulême, der späteren Königin von Navarra, die sich in den folgenden Kämpfen und Verfolgungen als eine wirksame Fürsprecherin der reformatorischen Kreise (darunter des Psalmendichters Clément Marot) erwies. Hinzu kam, dass dieser frühe Humanismus in König Franz I. (1515–1547) seinen prominentesten Förderer gefunden hatte. Auf ihn geht die Gründung des Collège de France (als Gegengewicht zur »reaktionären« Sorbonne) zurück. Er schützte die Vertreter der neuen Bildung vor kirchlichen Anfeindungen, und auch seine anfänglich tolerante Haltung gegenüber dem von Osten her eindringenden Luthertum ist durch seine Verbindung zu humanistischen Gelehrten bestimmt. Es gehört mit zur Tragik der Zeit, dass gerade er zum unnachsichtigsten Feind der Reformation werden musste.

Guillaume Farel, Calvins
enger Mitarbeiter in Genf
(Jean de Laon, 16. Jh.)

2. Der neue politische Ort

Die deutsche Reformation vollzog sich weitgehend im Windschatten der großen Politik. Sie blieb die Sache und Angelegenheit einzelner Länder und fand bei den um ihre Unabhängigkeit vom Kaiser kämpfenden Fürsten und Territorien ihre wirksamste Unterstützung. Das war in Frankreich – ungeachtet der Aufgeschlossenheit hoher Adels- und Beamtenkreise – vom ersten Augenblick an anders. Hier fiel die Reformation in die große politische Krise Europas. Das bisher beschränkte Königtum arbeitete sich aus dem Lehensstaat zur absoluten Monarchie herauf, so dass Territorialgewalten gegenüber der königlichen Macht nicht mehr ins Gewicht fielen. Das Schicksal der Reformation musste sich an der Haltung der Krone entscheiden. Wie aber hätte sich das ganz von zentralistischen Motiven bestimmte Königtum mit einer geistigen Bewegung anfreunden sollen, die in offenkundiger Opposition gegen den Kaiser stand und noch dazu unübersehbar demokratisierende Züge trug? Dem König musste aus politischen Gründen (zudem garantiert durch die »gallikanischen Freiheiten«!) alles an der Erhaltung einer französischen Nationalkirche gelegen sein.

Und das Volk? Hier wurde der neue Glaube – anders als in Deutschland – nicht als Protest *auch* gegen soziale Missstände, gegen ein erpresserisches Ablasswesen oder ein moralisch fragwürdiges Priester- und Mönchtum empfunden. Vereinzelte leidenschaftliche Ausbrüche gegen die alten Heiligtümer fanden in den unteren Klassen fast nur Gegnerschaft. Jene, die in Deutschland das erste mächtige Vordringen der Reformation trugen, haben in Frankreich die alte Religion am zähesten geschützt. »Der Krone«, so das Urteil der Geschichtsschreibung, »hätte für jeden Versuch, sich auf die Seite der Neuerer zu stellen, ... jede Basis im Volk gefehlt.« Daher die ambivalente Haltung des Königs: Solange sich die Reformation als Angelegenheit einiger Intellektueller abtun ließ, ließ er sie gewähren; sobald sie sich breitere Schichten eroberte, wurde er ihr Feind. Das politische Frankreich nahm die »Luthériens« ohnehin nur im Zerrspiegel des radikalen Täufertums als potentielle Umstürzler jeder staatlichen Gewalt wahr.

Von unabsehbarer Bedeutung für ihr Schicksal wurde die leichtfertige Manifestation der Evangelischen in der so genannten *Plakat-Affäre*. In der Nacht des 17. Oktober 1534 wurden in Paris und Amboise, sogar an den Türen der königlichen Gemächer, Flugblätter gegen die römische Messe angeschlagen. Diese öffentliche Provokation in der unmittelbaren Umgebung des Hofes löste im Parlament eine Reaktion von beispielsloser Heftigkeit aus. Man beschuldigte die »Luthériens« der Verschwörung gegen die öffentliche Ordnung und die Religion. Die erste systematische Verfolgung setzte mit unvorstellbarer Grausamkeit ein.

Die evangelischen Gemeinden waren gezwungen, ohne den Staat, ja gegen den Staat zu leben. Wollte die Reformation unter solchen Bedingungen nicht einfach in Rechtlosigkeit versinken oder untergehen, so musste sie sich selbst Lebensraum schaffen. Das gab dem französischen Protestantismus eine kämpferische Note. Reformatorische Theologie wurde zur politischen Theologie. Für Calvin war die Stunde des Eingreifens gekommen: »Mir schien«, schreibt er im Rückblick auf diese Jahre, »ich müsste mich mit aller mir zu Gebote stehenden Kraft dagegen erheben, denn wenn ich schwiege, würde ich als treulos erfunden … Und das war der Grund, der mich bewog meine *Institutio* zu veröffentlichen.« Mit dieser klaren Darlegung der evangelischen Lehre sucht er den Verfolgten zu Hilfe zu kommen, so dass jedermann mit der Bibel in der Hand erkennen könne, was ihn zur Abkehr von der alten Kirche bewegen müsste. Und er belässt es nicht dabei, sondern stellt der *Institutio* – gerade als Flüchtling in Basel angekommen – eine Schutzschrift an den König voran, in der er mit einer glänzenden Argumentation Punkt für Punkt den Hauptvorwurf der Gegner widerlegt, sie seien von der apostolischen Lehrnorm abgewichen. Er gibt den Vorwurf der Abweichung an sie zurück und formuliert als unverrückbare »Grenzsteine« dieser »alten« Lehre zum ersten Mal die Basis der künftigen reformierten Kirche: die Feier des Abendmahls »unter beiderlei Gestalt«, das Bilderverbot in den Kirchen, die Freigabe der Priesterehe und nicht zuletzt die Anerkennung Christi als einziger Autorität in allen Fragen der Lehre und Lebensführung. Sein Einspruch ist ein Plädoyer für die »nicht sichtbare«, verborgene Kirche, deren wahre Gestalt man allein an der Predigt des Wortes und am rechtmäßigen Gebrauch der Sakramente erkennt. Diese Kirche aber habe zu allen Zeiten – angefangen bei Elia und Jeremia – den Vorwurf, Aufruhr zu stiften, auf sich gezogen.

3. Die Auseinandersetzung mit den »Nikodemiten«

Es gibt noch eine zweite Front, an der sich Calvin herausgefordert sieht und an der er noch entschiedener streitet. Das sind die mit ihm sympathisierenden Geister in den Kreisen der Humanisten und Reformkatholiken. Er sieht in ihnen Unentschlossene, Halbherzige und Schwankende, die sich zu der Entscheidung, jetzt auf die Seite des evangelischen Glaubens überzutreten, nicht durchringen können. Er will diese »Nikodemiten« – oft genug in flammendem Protest – von ihrer allzu vorsichtigen, weichen Linie abbringen und hält ihnen vor, zu ihrer Überzeugung nicht mit allen Konsequenzen zu stehen, am Tage nicht dieselben zu sein wie in der Nacht. Deshalb vergleicht er sie mit der biblischen Gestalt des Nikodemus (Joh 3), der nur des Nachts zu Jesus kam und dennoch größeren Mut bewiesen hätte als sie, habe er doch bei der Bestattung Jesu mitgeholfen. Doch eben hier liegt der entscheidende Unterschied:

> *Nikodemus hat nur den Leib bestattet und ihn noch dazu gesalbt ... Diese aber bestatten Leib und Seele, Menschheit und Gottheit, und das ganz ohne Ehrenbezeugung. Nikodemus hat ihn bestattet, als er tot war. Diese aber wollen ihn begraben, nachdem er auferstanden ist. Sie wagen es, sich aus Nikodemus einen Schild zu schmieden und ihren christlichen Glauben zu verheimlichen ...* (CStA 3, 257.12–19).

In ultimativer Form stellt er den Zögernden vor Augen, dass sie durch ihre Teilnahme an der römischen Messe vor die *letzte* Frage, vor das Tribunal Gottes gerufen sind. Worum ging es?

Darf man als evangelischer Christ in der Diaspora seine Überzeugung durch Teilnahme am römischen Ritus und Kult verheimlichen? Das war die damals von vielen gestellte und bejahte Frage. Gute und respektable Gründe für eine solche Haltung gäbe es ja.

Warum sollte man sich bei völliger innerer Klarheit und Freiheit äußerlich nicht in die Bräuche der Andersgläubigen finden? Hat nicht der syrische Hauptmann Naaman vom Propheten Elischa die Erlaubnis bekommen, mit seinem König am Altar Rimmons zu beten? (2Kön 5,18f.) Exegetisch ist hier schwer zu streiten. Das Recht lag, nimmt man die viel zitierten Paulustexte (Röm 14,1ff.; 1Kor 10,23ff.) so, wie sie da stehen, zu einem guten Teil wohl auf Seiten der Gegner. Und doch vertritt Calvin mit dem Vorsprung, den die Grundsätzlichen vor den Opportunisten immer haben, den ungleich stärkeren Part. Denn der Versuch, es Menschen *und* Gott recht zu machen, kommt zuletzt doch jedes Mal unseren eigenen Wünschen entgegen. Hier aber geht es darum, den Posten, den Gott uns angewiesen hat, nicht zu verlassen. Verlassen aber wird er, wenn im Messopfer der Tod Christi, der uns als das einzige und ewige Opfer zu gelten hat, seiner Würde und seines Ruhmes beraubt, wenn die Versöhnung zu einer bloßen Beschwichtigung wird, die die Kirche selbst meint in Szene setzen zu können. Doch auch abgesehen davon wird man diese kompromisslose Haltung nicht als Gesinnungsterror verdächtigen dürfen. Es ging Calvin um das Leben der Verfolgten: »Heute findet man in jeder Ratsversammlung drei bis vier dieser Nikodemiten, die es zulassen, ohne ein Wort zu sagen, dass ein armer Christ grausam zum Tode verurteilt wird. Und Gott will doch, dass keiner hier zustimmt.« Was also soll man tun? Calvin gibt einen vierfachen Rat: 1. Wenn möglich, auswandern, 2. vollständiger Rückzug aus dem »papistischen« Gottesdienst, 3. Sündenbekenntnis, damit, wenn einer doch zur Messe geht, das Gewissen nicht einschläft!, 4. beständiges Bitten, Gott möge selbst einen Weg zeigen, wo menschliche Weisheit keinen mehr sieht.

Hat sich Calvin gegen den König auf die *un*sichtbare Kirche berufen, so steht jetzt ihre *sichtbare* Gestalt zur Debatte. Die Frage ihrer Ordnung rückt ins Zentrum. Wer eine verfolgte, zerstreute Gemeinde sammeln, zusammenhalten und nach außen hin schützen will, muss ihr ein überzeugendes Gemeindemodell anbieten. Von dieser bewusst ergriffenen Aufgabe her lässt sich Calvins Theologie noch immer am besten begreifen. Hier schneiden sich die historischen und die theologischen Linien. Während sich in diesen Jahren weder Luther noch seine Schüler in einen absoluten Gegensatz zum römischen Episkopat gestellt sahen, der sie genötigt hätte, Rom jegliche Legitimität abzusprechen, wird mit dem Blick auf Frankreich diese reformatorische Einsicht nun faktisch zu jener nicht mehr hintergehbaren Linie, an der alte und neue Kirche sich definitiv scheiden. Den *point of no return* hat Calvin als erster theologisch fixiert und praktisch durchgesetzt. Damit hat er die Reformation endgültig in die Geschichte eingeführt als eine Macht neben anderen Mächten, hat damit aber viele Blütenträume auch endgültig zerstört, die man im Blick auf die erneuerte eine Kirche bis dahin guten Gewissens noch hatte träumen können.

Es ist im Rückblick schwer zu beurteilen, ob es zur Restitution der Kirche noch andere Wege gegeben hätte als den calvinischen Kollisionskurs, der das konfessionelle Zeitalter heraufführte. Calvin hat sich immerhin dazu hinreißen lassen, Rabelais, den herrlichsten aller Satiriker, einen Atheisten zu nennen – ein Urteil, das die neuere Forschung längst korrigiert hat. Hier zeigt sich etwas von der menschlichen Grenze der Reformation und Calvins im Besonderen. Hans Scholl resümiert: »Über Calvins Nikodemiten-Schriften liegt die Tragik jener Zeit, die darin besteht, dass die humanen Kräfte sich nicht überzeugend und die Massen prägend artikulieren konnten und dass andererseits die religiöse Glaubensgewissheit nur zu leicht in theologischen Dogmatismus oder gar unversöhnlichen Fanatismus ausartete.« (Scholl, 77)

Wie dem auch sei – die Devise lautet jetzt: *Vera pietas veram confessionem parit!* – Wahre Frömmigkeit führt zu wahrem Bekennen.

(Inst [1536], OS I,294) Calvin hat das Bekenntnis als Lebensvollzug der Gemeinde wiederentdeckt und es als den besonderen Ausdruck ihrer Freiheit begriffen. Nicht umsonst läuft der Entwurf der ersten *Institutio* auf die Entfaltung der *christlichen Freiheit* als das sie krönende Ziel hinaus. Seine Freiheit aber realisiert der Christ, indem er seine Identität, seine »Ganzheit« allein im Wort Gottes findet und als dessen Anspruch verwirklicht: »Entweder sind wir ganz Gottes oder nur zum Teil. Gehören wir ihm ganz, dann wollen wir ihn auch ehren nach Körper und Geist!« Jetzt kommt es darauf an, den Schwachen keinen Anstoß zu geben. Was uns eben noch freigestellt war, wird nun zum Ort, wo Wahrheit und Lüge sich scheiden. Hier gilt die Regel: »Unsere Freiheit muss der *Liebe* untergeordnet werden, unsere Liebe aber der Reinheit des *Glaubens*.« Auf die Liebe darf und soll man Rücksicht nehmen, aber – das ist die neue Erkenntnis – »nur bis [an die Grenze] zum Altar!« Auch seinem Nächsten zuliebe darf niemand Gott beleidigen. In der geschichtlichen Durchsetzung dieser Erkenntnis liegt der theologische Ertrag dieser mühsamen Jahre.

Das Bekenntnis schließt dogmatische Sachaussage *und* persönliche Lebensführung, Wahrheit *und* Existenzform, zu einer unauflösbaren Einheit zusammen. Es zielt auf die Gestalt der *sichtbaren* Kirche. Dinge und Verhaltensweisen, die unter anderen Umständen unserm freien Ermessen anheimgestellt werden, sind jetzt nicht länger beliebig entscheidbar. In dieser Einsicht, für die man später den Begriff des *status confesssionis* geprägt hat *(In casu [statu] confessionis nihil est adiaphoron),* liegt die Bedeutung der nikodemitischen Schriften. Sie haben dazu geführt, der Reformation eine dauerhafte *Gestalt* zu geben.

Dem neutralen Chronisten drängt sich am Ende eine Frage auf: War dieser Leidensweg der frühen reformierten Gemeinden – die Bartholomäusnacht in Paris, die Verfolgungen unter Alba – notwendig? Es war die Kirche Calvins, die diesen Weg gegangen ist, und sie wäre ihn vermutlich nicht gegangen, wenn Calvin sie in seinen Schriften nicht mit jener Leidenschaft zum öffentlichen Bekennen aufgerufen und sie dadurch in einen absehbaren Konflikt mit der staatlichen Gewalt geführt hätte. Denn indem er in dieser provozierenden Form auf das öffentliche Bekennen drängte, hat er den Staat, der die Kirche unter allen Umständen an die Krone binden wollte, politisch gespalten. Ein Zeugnis aus dem Jahr 1550 belegt, dass dies nicht einfach wider besseres Wissen geschah.

Calvin berichtet von einem Gespräch mit dem Bischof Aquila, das 1540 stattfand: »Der Bischof wollte mir das Herz brechen. Er sagte, wenn wir bei unserer Lehre blieben, sei es unmöglich, dass dies nicht im Waffenlärm ende. Sei aber einmal Krieg, dann sei es aus mit den schönen Künsten und Wissenschaften. Es bleibe dann nur noch Barbarei, … und die Religion, die wir verteidigten, gehe unter mit dem Rest.« Wo also lag das Problem dieses Weges? Sicher nicht darin, dass Calvin es auf den Konflikt mit der Staatsmacht ankommen ließ, sondern – von heute aus geurteilt – darin, dass er diesen Konflikt nicht als einen *politischen* Konflikt ansprach und stattdessen versuchte, die Krone durch den protestantischen Adel einzukreisen, dass er zum Bekenntnis aufrief, *ohne* zugleich die Herrschaftsverhältnisse in Frankreich in Frage zu stellen. Doch welcher Theologe des 16. Jahrhunderts hätte das – das 13. Kapitel des Römerbriefes vor Augen – vermocht? »Dieses Macht- und Ordnungsdenken«, resümiert Hans Scholl, »verbunden mit einem Bekennen, das dieses Denken eigentlich sprengt, musste zur ausweglosen politischen Krise Frankreichs führen. … Sobald gewichtige Teile der Machtausübenden im Sinne Calvins gegen den papististischen Gottesdienst Stellung bezogen, musste aus dem alttestamentlichen Ruf: ›Wie lange wollt ihr auf beiden Seiten hinken?‹ das satanische Entweder-Oder des Bürgerkriegs werden.« (Reformation und Politik, 1976, 78)

4. Der Kampf um die wahre Kirche
Es gibt in diesen bewegten Jahren ein Szenarium, in dem die Linien, von denen hier die Rede ist, wie in einem Brennpunkt zusammen-

laufen. 1536 war Calvin von Guillaume Farel, dem »Landsknecht des lieben Gottes«, wie Karl Barth ihn genannt hat, in Genf festgehalten worden. Zu Ostern 1538 wurde er mit ihm aus der Stadt ausgewiesen. Der Widerstand der Bürgerschaft gegen die von ihm eingeführten Reformen war zu groß. Die spärlichen Nachrichten aus den beiden folgenden Jahren entwerfen ein düsteres Bild vom Genfer Magistrat und erst recht von der »bekannten Inferiorität« der nachrückenden Pfarrer. Das neu gegründete Collège de Rive stellte seinen Lehrbetrieb ein. In dieser Situation unternahm der Kurienkardinal Sadolet, ein aufgeschlossener, liebenswürdiger Vertreter des Reformflügels um Kardinal Contarini, seinen Vorstoß, die Genfer mit einem Schreiben an Rat und Bürgerschaft in den Schoß der römischen Kirche zurückzuholen. Der im Straßburger Exil weilende Calvin, davon war die Rede, wies dieses Ansinnen mit einer glänzenden Streitschrift zurück, von der selbst Luther bekannte, er habe sie »mit einzigartigem Vergnügen« gelesen.

Brief Calvins aus seinem Straßburger Exil an Farel, Januar 1540

Seine Antwort setzt zwei markante Akzente. Sadolet hatte sich den Genfern als Anwalt ihres Seelenheils zu empfehlen versucht. Der unverhohlene Appell an die menschliche Selbstliebe – an den naiven Wunsch: Ich möchte in den Himmel kommen – war der Grundstein seines Gebäudes und zugleich sein schwächster Punkt. Hier setzt Calvin mit seinem Gegenangriff ein: Was soll das lange Reden über das Heil der Seelen? Gewiss, »die Berufung zum ewigen Leben ist wohl wert, uns Tag und Nacht in den Ohren zu klingen«. Aber, so die entscheidende Stelle des ganzen Briefes:

> *Das ist theologisch doch wohl etwas zu kurz gegriffen, den Menschen in einer Weise um sich selbst kreisen zu lassen, dass man ihm unterdessen den Eifer, Gottes Ehre ans Licht zu bringen, als Grundlage seiner Lebensführung nicht mehr vor Augen stellt. Für Gott nämlich, nicht für uns selbst sind wir in erster Linie auf der Welt … Dann aber ist es die Pflicht eines Christen, sich höher hinaufzuschwingen als bloß bis zum Suchen und Erwerben des eigenen Seelenheils. Ich kann daher niemanden für wirklich fromm halten, der einen so aufdringlichen Hinweis auf die himmlische Seligkeit nicht für geschmacklos erklärt, welcher den Menschen doch nur bei sich selbst festhält, ohne ihn mit einem einzigen Wort auf die Heiligung des Namens Gottes hinzuweisen.*
> (CStA 1.2, 363.10–15.25–33)

So also werden die Gewichte verteilt, oder richtiger: umverteilt. Der Mensch lebt um Gottes willen, nicht Gott um des Menschen willen, und mit dieser Umkehrung ist der ganze Gedankengang seines Gegners gegenstandslos geworden. Das eigene Heil ist kein Erstes. Es kommt hinzu, weil Gott es mit der Verherrlichung seines Namens verbunden hat.

Der zweite Gegenangriff richtet sich gegen das katholische Kirchenverständnis. Sadolet scheint nicht zu wissen, dass die wahre Kirche durch Gottes Wort konstituiert wird, »jenes deutlichste Kennzeichen, das uns der Herr in der Anordnung der Kirche so und so oft ans Herz legt«. Unter dem Vorwurf der (deshalb unvermeidlichen) Kirchenspaltung hat Calvin mehr gelitten als irgendein anderer unter den Reformatoren. »Wenn das wahr sein sollte«, räumt er ein, wenn die Reformatoren es unternommen hätten, »die Braut Christi zu zerreißen, ... dann gälten wir mit Recht Euch und der ganzen Welt für verloren.« Doch dann kehrt er den Spieß um:

> Ich aber behaupte, die Zerspaltung, die Ihr uns fälschlich zum Vorwurf macht, sei bei euch offen zu sehen, und zwar nicht nur an der Kirche, sondern sogar an Christus selbst, der, wie man weiß, jammervoll zerschnitten ist. (Denn) wo bleibt seine Unversehrtheit, wenn man den Ruhm seiner Gerechtigkeit, Weisheit und Heiligkeit auf andere überträgt? (CStA 1.2, 425.26–33)

Eines ist die Trennung von Rom; sie ist eine theologische und historische Notwendigkeit. Ein anderes ist die Einheit der Kirche, die durch diesen Schritt nicht gefährdet, sondern – im Gegenteil! – durch ihn erst ans Licht gebracht wird. Denn was macht ihre Einheit aus? Calvin begreift sie als das Attribut einer Kirche, die »in Gott ihren Ursprung nimmt und in ihm ihr Ziel findet«, und legt damit den radikalen Sinn der ihm von Sadolet entgegengehaltenen Stelle Johannes 17,21 frei. Mit der »einen« Kirche, die lediglich ihren organisatorischen und lehrmäßigen Zusammenhalt zu gewährleisten weiß – auch wenn sie sich als Weltkirche etabliert hat – hat das theologische Prädikat offenbar nichts zu tun. Es wird, so die *neue* theologische Einsicht, an die hörbare Stimme Christi und an deren gestaltende Kraft gebunden und reicht deshalb grundsätzlich weiter als jeder institutionelle Zusammenschluss. Pointiert gesagt: *Einheit ist die Verheißung einer Kirche, die um ihrer Wahrheit willen Spaltungen hervorruft.* Das Bekenntnis zur Einheit ist die schärfste Kritik an ihrem äußeren Erscheinungsbild. Die Grenzen dieser *einen* Kirche verlaufen daher dort, wo der Heilige Geist nicht mehr Herr der Kirche ist, sondern in die Hände der Menschen gegeben wird: *einmal* in die der Hierarchie und ihres »objektiven« Lehramts, das *andere* Mal in die des »subjektiven« individuellen Gewissens. Deshalb wird im Papsttum *und* in der Bewegung der Wiedertäufer – das ist der scharfsinnige Nachweis Calvins – die Einheit der Kirche gleichermaßen verraten.

Wer so argumentiert, hat die Schranken einer Nationalkirche hinter sich gelassen. Das verbindet Calvin auf paradoxe Weise mit Rom. *Luthers* Blick war auf Deutschland gerichtet; *Calvin* sieht sich gezwungen, über Genf und Frankreich hinauszublicken und das Ganze der damaligen Welt im Auge zu behalten. »Nichts wird lebhafter mein Wunsch, um nichts werde ich stärker besorgt sein, als dass ich mit allen deutschen Kirchen, die den Ruhm Christi ... verkündigt haben, in größter Einigkeit leben darf.« Man hat sein Widmungsschreiben an die Prediger in Sachsen zu den »eindrucksvollsten ökumenischen Zeugnissen des 16. Jahrhunderts« (W. Nijenhuis) gezählt. Bereits damals war Genf zu einem Zentrum der europäischen Ökumene geworden: Zunächst rein äußerlich durch die Aufnahme evangelischer Flüchtlinge aus Frankreich, England, Schottland, Italien und den Niederlanden, weit bedeutender jedoch durch die Gründung der Akademie, die eine große internationale Hörerschaft anzog und Ausgangspunkt einer ausgedehnten Korrespondenz mit Kirchen und Theologen auf dem ganzen Kontinent wurde.

Calvins Handschrift

Calvin wendet sich mit seinen Briefen, Ratschlägen und Ermahnungen an nahezu alle damals bekannten Länder und Fürstenhäuser. Er korrespondiert mit den Auslandsgemeinden in Frankfurt, Wesel und London, schreibt an den englischen König Edward VI., beredet mit dem Erzbischof Thomas Cranmer Pläne zu einem evangelischen Konzil, steht im Briefverkehr mit Pfarrern in Polen und Litauen und vergewissert sich immer wieder des Rates und der Weggenossenschaft seines Zürcher Mitstreiters Heinrich Bullinger: »Um der Einheit der Kirche willen«, schreibt er nach England, »wollte ich mich's nicht verdrießen lassen, zehn Meere, wenn's sein muss, zu durchqueren.« Noch in seinen letzten Lebensjahren wird er nach Polen gerufen, um dort die Aufgabe der Reformation in die Hand zu nehmen. Er muss dieses Ansinnen aus gesundheitlichen Gründen absagen, schaltet sich aber literarisch und brieflich umso intensiver in die osteuropäischen kirchlichen Fragen ein. Seine Korrespondenz ist ein ebenso lebendiger wie genauer Spiegel der kirchengeschichtlichen Bewegungen des so zerrissenen 16. Jahrhunderts: Die vergeblichen Unionsverhandlungen mit Rom, die erbitterten innerprotestantischen Streitigkeiten um das Abendmahl, das Martyrium der Hugenotten – alles, was das Jahrhundert bewegt, ist in diesen Briefen präsent, nicht aus der Sicht des Zuschauers, sondern aus der Perspektive dessen, der nach Kräften einzugreifen, zu helfen und zu vermitteln versucht. Das macht Calvin zum ersten Ökumeniker des Protestantismus, der, das Ganze im Auge behaltend, sich noch einmal müht, die auseinanderstrebenden Kräfte zu einen.

Theologische Entscheidungen

Um zu erfahren, was einem Theologen der Reformationszeit besonders am Herzen liegt, was er auf keinen Fall verschweigen, sondern unbedingt meinte sagen zu müssen, muss man sich an seinen Katechismus halten. Im *Genfer Katechismus* von 1545 – bis zum Erscheinen des *Heidelberger Katechismus* (1564) war er in der reformierten Ökumene der am weitesten verbreitete – hat Calvin ein solches Summarium seiner Theologie zusammengestellt. Dort heißt es in der ersten Frage: »Was ist das vornehmste Ziel des menschlichen Lebens?« Antwort: »Dass [wir] Gott, der uns geschaffen hat, selber erkennen. Denn dazu hat er uns geschaffen und in die Welt gestellt, um in uns verherrlicht zu werden, weshalb es recht und billig ist, unser Leben in den Dienst seiner Ehre zu stellen.« Die rechte Art, ihm diese Ehre zu erweisen, aber bestehe 1. darin, all unser Vertrauen auf ihn zu setzen, 2. ihm mit unserm ganzen Leben zu dienen und seinem Willen zu gehorchen, 3. ihn in allen Nöten anzurufen und unser Heil, auch was wir sonst an Gutem uns wünschen mögen, bei ihm zu suchen, und 4. ihn mit Herz und Mund als alleinigen Urheber alles Guten anzuerkennen. (CStA 2, 4–9.21–26) Auf diesen vier Pfeilern ruht das calvinische Christentum. Erkennen und Tun gehören zusammen. Zu Gottes Ehre im *Glauben* muss auch etwas *geschehen.*

Die Reformation als Bildungsbewegung: Collège de Genève (Pierre Escuyer, 19. Jh.)

1. Gotteserkenntnis und Selbsterkenntnis

Beginnen wir mit dem ersten Pfeiler: Worin besteht der *Glaube?* In der Endfassung der *Institutio* (1559), der ersten vollständigen Dogmatik des Reformationszeitalters, betont Calvin mit besonderem Nachdruck ein Element, das gemeinhin nicht im Vordergrund steht: »Der Glaube beruht nicht auf Unwissenheit, sondern auf Erkenntnis.« (Inst III,2,2) *Erkennen,* wovon die Bibel wirklich redet (statt sich einer *fides implicita,* d. h. überlieferten Lehrmeinungen der Kirche, blind zu unterwerfen), herausfinden, welche Schätze für Weltorientierung und Lebensführung hier tatsächlich zu heben sind: Darauf kommt es an. Erkenntnis, also die Fähigkeit zu klarem Urteil, ist das Gebot der Stunde in einer Zeit, wo Widerstand angesagt ist. Reformierte Gemeinden und ihre Pfarrer waren daran zu erkennen, dass sie in besonderer Weise über ihren Glauben Rechenschaft abzulegen wussten (1 Petr 3,15). Dabei ist zugleich ein gesundes emanzipatorisches Interesse mit im Spiel, der Kampf gegen »jene lächerliche Einfalt, wonach es sich für Ungebildete ziemen soll, zu den Gelehrten aufzublicken und sich nach ihrem Wink zu richten«. Der mündige Glaube, so kann Calvin geradezu definieren, ist »die aus dem *Wort* geschöpfte Erkenntnis des Willens Gottes gegen uns« (Inst III,2,6), einem Wort, das niemand sich selbst sagen kann: »Nimm das Wort weg, und kein Glaube wird mehr übrig bleiben.« Das Wort erreicht uns durch das Ohr. Darum ist das Hören, die bewusste aktive Orientierung an einer eindeutigen Stimme, der entscheidende Akt, mit dem alle Erkenntnis beginnt. Wo das Wort Gottes lauter gepredigt »und *gehört* wird«, ergänzt Calvin das *Augsburger Bekenntnis* (CA VII), da ist die wahre Kirche, da wird sie als Kirche identifizierbar. Sie hört nicht auf die Stimme eines Fremden (Joh 10,27) (Inst IV,1,9). Wir müssen wissen, wohin wir zu gehen haben und wie wir dahin kommen. Ist *Gott* es, zu dem wir gehen sollen, und ein *Mensch* der Weg, um dahin zu gelangen, so müssen wir uns, formuliert er im Anschluss an seinen oft zitierten Gewährsmann Augustin, an *Christus* halten, denn er ist Gott und Mensch zugleich. Darum besteht der Glaube in der Erkenntnis Gottes und Christi.

Erkenntnis ist dann nicht die (bloß theoretische) Einsicht in einem Zusammenhang wahrer Sätze, sondern hat selbst den Charakter einer *Erfahrung,* oder besser: einer Gegenerfahrung. Sie manifestiert sich in der Freiheit von Autorität und Tradition der Kirche, in der Erfahrung, dass Christus das Ende aller menschlichen Herrschaft von Papst, Bischof oder Konzilien ist. Sie gewinnt daher ihre konkrete Gestalt – das war für Calvin der nächstliegende Anlass, von ihr zu reden – in der *potestas ecclesiastica,* der kirchlichen Vollmacht. Von ihr heißt es in der ersten

Institutio, sie sei die Macht, »dem Worte Gottes vertrauend alles zu wagen, vor seiner Majestät alle Macht, Herrlichkeit und Größe der Welt zum *Weichen* und zum *Gehorchen* zu bringen, … die Rebellen und Übermütigen zurechtzuweisen, zu schelten, zu widerlegen …, endlich ihnen mit Blitz und Donner zu kommen – aber alles mit Gottes Wort«, dessen geistliche Macht von der jener Bischöfe und Tyrannen so verschieden ist »wie Christus von Belial« (OS I,237). Diese Sätze sind für Calvin und den Calvinismus bezeichnend wie wenig andere. Hier wird das militärische Bild aus äußerer wie innerer Notwendigkeit zum Gleichnis des Gottesreichs.

Johannes Calvin

Unterricht in der chriſtlichen Religion

Institutio Religionis Christianae

Nach der letzten Ausgabe
überſetzt und bearbeitet von
Otto Weber
Profeſſor in Göttingen

Erſter Band
(Buch I und II)

1936
Buchhandlung des Erziehungsvereins
Neukirchen, Kreis Moers

Calvins *Institutio* (2. Auflage 1559) in moderner deutscher Übersetzung

Die in dieser Skizze angedeuteten Linien haben ihren klarsten Ausdruck in dem berühmten Eingangssatz der *Institutio* gefunden, der das innere Gefälle, die dialektische Bewegung dieses theologischen Leitfadens bestimmt:»All unsere Weisheit, sofern sie wirklich den Namen Weisheit verdient und wahr und zuverlässig ist, besteht in zwei Stücken: der Erkenntnis Gottes und unserer Selbsterkenntnis.« (Inst I,1,1) Für sich genommen ist die Formel einer zweifachen Erkenntnis weder besonders aussagekräftig noch originell. Man hat sie in dieser oder einer ähnlichen Fassung bei Cicero, Augustin, Zwingli oder Sadolet nachweisen können. Entscheidend ist, wie Calvin sie interpretiert. Man muss die Pointe nicht lange suchen: Während man auf dem Gebiet der Mathematik, der Astronomie oder der Philologie leuchtendste Erkenntnisse gewinnen kann, ohne sich dabei selbst auch nur wahrzunehmen, ist das theologische Erkennen von der Art, dass es den Erkennenden, seine Selbstwahrnehmung und Einsicht, notwendig in sich schließt. Wo Gott als der erkannt wird, der er ist, da hat das Konsequenzen für das Selbstbild des Menschen. Hier könnte der Gegensatz zu der strahlenden humanistischen Selbstgewissheit, das Auge unserer Vernunft sei imstande, sich auf das Ewige und Unvergängliche, also zuletzt auch auf Gott selbst zu richten, gar nicht größer sein. Statt unsere Fähigkeit zu natürlicher, rationaler Gotteserkenntnis zu bestätigen, dient das von Gott ausgehende Licht nur dazu, unsere vermeintliche Helligkeit als tiefes Dunkel zu entlarven. Selbsterkenntnis: das ist der von Gott aus eingesehene und erkannte Mensch. Nur von außen, von außerhalb seiner selbst – »er hätte denn zuvor das Angesicht Gottes betrachtet« (Inst I,1,2) – kommt er zu sich selbst. Er ist sich selbst entzogen.

Um diese *zweifache* Blickrichtung: hin zu Gott und von dort zurück zu uns selbst, geht es durchgängig in Calvins Erörterung der großen Themen der Theologie, etwa der Sünde:»*Zunächst* sollen wir bedenken, was alles uns in der Schöpfung zuteil geworden ist, …

daraus sollen wir erkennen, wie groß der Vorzug unserer Natur sein müsste … Jene ursprüngliche Würde kann uns aber gar nicht in Erinnerung kommen, *ohne* dass sich alsbald das traurige Bild unserer Befleckung und Schande einstellt, … *und* [nochmaliger Wechsel der Blickrichtung!] es entbrennt in uns ein neuer Eifer, Gott zu suchen.« (Inst II,1,1) Beide Seiten, die sich hier zeigen, gehören zusammen; es ist dasselbe Licht, in dem wir sie wahrnehmen: der Mensch als Empfänger von Gottes Wohltaten *und* als der durch Unwissenheit, Ohnmacht und Sünde ihm Entfremdete. Es ist die *condition humaine,* wie Pascal sie ein Jahrhundert später als Paradox von Größe und Elend beschrieben hat. Dieses Zweifache, diese dialektische Zusammenschau der Gegensätze, bestimmt die Darstellungsweise der *Institutio:* Das *Gesetz* ist voll Verheißung *und* Trost und deckt zugleich unsere Sünde und unser Elend auf. *Christus* war im Alten Testament den Juden schon bekannt *und doch* tritt er uns erst im Evangelium klar entgegen (11,9). Das *Neue Testament* befreit uns vom Buchstaben des Gesetzes, von Opfern und Zeremonien, *und* setzt die Tora, das göttliche Gesetz, von Missverständnissen gereinigt, zugleich neu in Kraft (Inst II,11,8+9). Die lutherische prinzipielle Scheidung von Gesetz und Evangelium hat Calvin nie anerkannt. Auch das Aufbauprinzip der *Institutio* entspricht dieser Dialektik. Es geht um eine zweifache Erkenntnis (*duplex cognitio;* Inst I,2,1) Gottes, sofern unter dem imponierenden Eindruck der Schöpfungswerke (ja sogar aus einem angeborenen *semen religionis;* Inst I,3,l) schlechthin jede und jeder Gott müsste erkennen können. Und doch gewinnt diese Erkenntnis erst in der persönlichen Begegnung mit der »Schrift« (Inst I,6,1) klare Konturen. Hier wird die Unterscheidung von Gottes- und Selbsterkenntnis »in die Unterscheidung zwischen dem Bereich der *generalis doctrina* und demjenigen der *propria doctrina* einbezogen«, so dass »in beiden Erkenntnisakten dieser einen *duplex cognitio* der andere Teil, die entsprechende menschliche Selbsterkenntnis, unabdingbar dazu[gehört]« (Opitz, Calvins theologische Hermeneutik, 194). Karl Barth hat wohl recht: »Die Grenzen zwischen Philosophie und Theologie kommen bei [Calvins] Vorgehen ins Fließen, … aber das ist vielleicht gerade nicht der geringste Vorzug seiner Theologie.« (Barth, Theologie Calvins, 219)

2. *Meditatio futurae vitae*

Eine wichtige Verdeutlichung findet die zweifache Blickrichtung auf Gott und auf den Menschen, wenn man sie temporal, also in die Dimensionen von Zeit und Ewigkeit übersetzt, in die das theologische Erkennen sich ausspannt und zwischen denen es sich bewegt. Deshalb findet sich in der Mitte des *Traktats über das christliche Leben* (und damit in der Mitte der gesamten *Institutio*) das berühmte Kapitel über das Trachten nach dem ewigen Leben (Inst III,9), das ich für einen, wenn nicht *den* Schlüssel zum Verständnis der Theologie Calvins halte. Dort heißt es:

Wenn die Gläubigen das sterbliche Leben erwägen, … wenn sie erkennen, dass dies Leben in sich selbst nichts anderes ist als ein Elend, dann sollen sie sich mit umso größerer Freude und Bereitschaft ganz der Betrachtung jenes kommenden ewigen Lebens widmen … Denn wenn der Himmel unsere Heimat ist, was ist dann die Erde anderes als Verbannung? Wenn das Auswandern aus der Erde der Eingang ins Leben ist, was ist die Welt dann anderes als ein Grab? (Inst III,9,4; OS IV,174,2–9)

Ein weltflüchtiger Text, der wie kein zweiter das Bewusstsein der verfolgten Gemeinden wiedergibt, sich hier nur wie Fremdlinge auf Wanderschaft (*peregrinatio*) zu bewegen, gleichsam in einem Durchgangsstadium zum himmlischen Ziel, und der so gar nicht zu einer Ethik der Weltgestaltung passen will! Es gibt eine Auslegungstradition, die darin im Wesentlichen einen christlichen Platonismus meint finden zu können. Doch wer Platon oder Cicero kennt, weiß, dass sich auch in der Antike strengste Abkehr von der Sinnenwelt, ja »Todesweisheit« (Franz Overbeck) sehr wohl mit der Begründung weltzugewandter Wissenschaft verbinden kann. Der zeitgenössische Humanismus hat von beiden, Platon und Cicero, gelernt. Aber selbst wenn Calvin, wie Karl Barth bemerkt, hier zu dem Punkt vorgestoßen sein sollte, »in welchem theologische und philosophische Lebensbetrachtung sich zu allen Zeiten getroffen haben und treffen müssen«, dem »Gedanken des Todes … als Kriterium, an dem alles Lebendige gemessen ist«, wird man ihn allein auf dieser philosophischen Linie kaum verstehen können. Dagegen spricht schon die Struktur seines Arguments: Während Platon die Frage nach der Bestimmung der Welt im erinnernden Rückgang auf deren ewigen Ursprung beantwortet, blickt Calvin nach vorn auf eine sich steigernde Fülle. Es ist die *Eschatologie,* die Erwartung einer letzten Vollendung, die ihm diesen Horizont öffnet: »Die gegenwärtig erfahrbaren Zeichen der Güte und Strenge Gottes sind lediglich Beginn und Anfang von größeren«, deren volle Enthüllung »einem anderen Leben vorbehalten« ist (1,5,10), ja es gibt ein Wachstum, »mit dem Gott die Ordnung der Natur bis zu ihrem Scheitelpunkt hin beständig weiterführt« (Inst III,25,11).

Es spricht daher viel dafür, die alte, auf Origenes und Augustin zurückgehende Tradition der »geistlichen Ruhe« (*otium spirituale*), die Calvin in seiner Dekalogauslegung zitiert, als Wurzel dieses eschatologischen Ausblicks in Anspruch zu nehmen. Am siebten Tag, dem Sabbat, an dem die Präsenz Gottes in seiner Schöpfung – ihre Bestimmung, Schauplatz seiner Herrlichkeit zu sein – in besonderer Weise erfahrbar und anschaubar wird, soll auch der Mensch seinem Schöpfer »gleichförmig« werden, sich auf das Ziel des Reiches Got-

Calvin im Auditorium,
Skizze des Studenten Jacques Bourgoin (16. Jh.)

tes richten, das heisst, von allen eigenen Werken Abstand nehmen und Gott in sich wirken lassen, denn mit diesem Tag »scheint Gott seinem Volk die künftige Vollendung seines Ruhetages angedeutet zu haben« (Inst II,8,30). Dieses Ziel beschreibt Calvin mit dem für seine Theologie so wichtigen Begriff der *Heiligung*. Hier begegnen die Wendungen vom »Kreuztragen« und von der »Selbstverleugnung«, die seine Ethik im Licht der *vita futura* durchdringend bestimmen. Hier erinnert er ausdrücklich auch an das mit dem Sabbat aufgerichtete Lebens- und Freiheitsrecht der Kreatur, das an diesem einen Tag für alle sozial Abhängigen in Kraft gesetzt werden soll (Inst II,8,32.34).

Mit dem Sabbat, der so betont als ein *Zeichen* zwischen Gott und der Kreatur interpretiert wird, werden wir schon in diesem Leben – das ist die zentrale These der *meditatio futurae vitae* – auf die Herrlichkeit des kommenden Reiches vorbereitet, sei es durch die Segnungen, die Gott uns zuteilwerden lässt, oder durch die Kämpfe, die er uns zumutet. Das hat Konsequenzen auch für das

Erkennen. Dass das irdische Leben nur ein Anfang ist, begreifen wir überhaupt nur von seinem Ziel her, und dementsprechend lautet der bedeutsame Grundsatz theologischer Anthropologie:»Was in der *Erneuerung* des Ebenbildes … an erster Stelle steht, das muss auch in der Schöpfung selbst den höchsten Rang gehabt haben.« (Inst I,15,4) Die Erneuerung, auf die wir zugehen, erschließt uns den ersten Anfang. *Wozu* wir geschaffen sind, *woher* das Wort vom »Spiegel der Herrlichkeit Gottes« Sinn und Grund erhält, wird erst im Bild des zweiten Adam erkennbar, in das wir verwandelt werden sollen (2Kor 3,18). Erst der Ausblick auf das letzte Ziel öffnet unser Dasein für seine kreatürliche Bestimmung.

So wird Calvins spannungsreiche Theologie bestimmt durch einen »zeitlichen Prozess, ein Woher und Wohin, ein Nicht-Mehr und ein Noch-Nicht, einen Prozess allerdings, in welchem sich das Nicht-Mehr und das Noch-Nicht überlappen, in welchem der Ursprung (die Geschöpflichkeit als solche) und das letzte eschatologische Ziel im geschichtlichen Leben der Kirche zusammen gegenwärtig sind«. (E. A. Dowey, 138).

Diese Sichtöffnung bestimmt den Zugang auch zur außermenschlichen Schöpfung. So gewinnt das heute viel zitierte Wort vom »ängstlichen Seufzen der Kreatur« (Röm 8,19ff.) für Calvin den Rang eines hermeneutischen Schlüssels, der den gegenwärtigen Zustand der Welt in seiner Unabgeschlossenheit und Vorläufigkeit freilegt. Alle Kreaturen, ja sogar die seelenlosen Geschöpfe »bis hinunter zu Holz und Steinen« schauen nach dem Tag der Auferstehung aus und werden uns von Paulus als Mitgenossen unserer eigenen Hoffnung an die Seite gestellt (Inst III,25,2). Ihre Sehnsucht nach endzeitlicher Befreiung ist ein genaues Maß des Abstandes, das sie als »verunstaltete Trümmer« von ihrem Ursprung trennt. Erst der Vorgriff auf dieses äußerste Ziel, das »seufzende« Eingeständnis, dass wir im Entzug der Wahrheit leben und leben müssen, lässt uns innewerden, dass das gegenwärtige Dasein nicht in sich selbst ruht, sondern, weil von außen begrenzt, auch nur von außen zu der ihm eigenen Bestimmung findet. Es ist, mit Bonhoeffer gesprochen, ein »Vorletztes«, dessen Auszeichnung darin besteht, auf das »Letzte« bezogen zu sein.

Gerade so kommt es nun zu der charakteristischen *ethischen* Wendung. Vom zukünftigen Leben muss geredet werden, damit wir »das gegenwärtige Leben und seine Mittel« richtig zu gebrauchen lernen (Inst III,10). Die Hoffnung auf die *vita futura* ist keine Flucht aus dem Diesseits, sie ist die Kraft des Diesseits. Mag das Motiv der Fremdlingschaft sich gelegentlich bis zur Weltverachtung steigern: Calvin bleibt ein Anwalt der Erde. Davon ist nun zu reden.

Calvin als Ausleger der Bibel: Titelblatt seines Psalmenkommentars (1561)

3. Die Ethik

Der Ausblick auf die jenseitige Vollendung gibt uns das Maß an die Hand, das uns befähigt, unsere irdische Wirklichkeit nicht sich selbst zu überlassen, sondern sie aktiv zu gestalten und so den Schritt vom Glauben ins Leben zu tun. Hier haben wir den Fluchtpunkt der Ethik Calvins zu suchen: Über der Not und Anfechtung des gegenwärtigen Lebens leuchtet der Gedanke an den Tag des kommenden Reiches auf, und damit stehen wir – jenseits von allem Platonismus – vor dem paulinischen und urchristlichen Zusammenhang von Eschatologie und Ethik, der hier von seiner Quelle her noch einmal neu entdeckt wird. Weil »der Tag nahe herbeigekommen ist«, sollen wir »die Werke der Finsternis ablegen« (Röm 13,12f.). Es ist die dem Christentum eigene Logik, die Calvin so hoch greifen lässt und dadurch seine Ethik vor jeder pragmatischen Verflachung bewahrt. Denn ohne den Himmel bietet uns die Erde keine Heimat; ohne das unsichtbare Reich bricht auch das sichtbare auseinander. Er verteidigt die Schöpfung denn auch ausdrücklich gegen eine »unmenschliche Phiolosophie«, die sie uns nur zur äußersten Notdurft freigeben will, und hält dagegen, dass sie uns von Anbeginn »als eine erlaubte Frucht göttlicher Wohltätigkeit« zugedacht ist (Inst III,10,3). Man hat die »Weltlichkeit« des späteren Calvinismus daher mit Recht als *Diagonale* bezeichnet zwischen einer sehr illusionslosen, nüchternen Betrachtung der zeitlichen Dinge und einem unerhört steilen Aufblick in die Wirklichkeit des kommenden Reiches.

Die so begründete Ethik orientiert sich am Vorbild Jesu. Sie setzt die stoische Maxime »der Natur gemäß leben« in aller Form außer Kraft. Hat Gott uns Christus vor Augen gestellt, dem wir gleichgestaltet werden sollen, so ist es an uns, mit unserem Leben die Gestalt Christi »auszudrücken« (*exprimere*), so wie ein Siegel das Wappen seines Besitzers ausdrückt (Inst II,6,3). Unser Leben soll

Christus zur Darstellung bringen (*repraesentare*). Zwar geht von der Verkündigung unser Heil aus, deshalb behält sie »den ersten Platz«. Soll sie aber Frucht tragen, dann »muss sie … in unsere Lebensführung (*mores*) eindringen, ja sie muss uns *in sich* hineinbilden (*transformare;* Inst III,6,4). Die Metaphern des Formens und Bildens sagen deutlicher als jedes theoretische Argument, worauf Calvin hinauswill: Der Glaube kann ohne eine bestimmte Gestalt nicht leben. Er verlangt nach einem sichtbaren Ausdruck in der Welt, er drängt zur Weltgestaltung.

Der Leitbegriff dieser Ethik ist die neu gewonnene christliche Freiheit, die Calvin – darin ein Schüler Luthers – freilich gleich im ersten Anlauf scharf abgrenzt gegen ein ›chaotisches‹ Verhältnis zur geschichtlichen Lebenswelt, das er dem Täufertum und gewissen libertinistischen Kreisen vorhält. Diese meinen nämlich, die Welt werde erst dann genesen, »wenn die Reformation dem ganzen Erdkreis ein neues Angesicht verleiht und es keine Gerichte mehr gebe, auch keine Gesetze und Behörden und was sie sich sonst noch als Hindernis ihrer [persönlichen] Freiheit einbilden.« (Inst [1536], OS I,258). Die Regeln *christlichen* Freiheitsgebrauchs leitet er vielmehr mit Paulus aus der Gewissheit der Rechtfertigung ab. Sie ist Grund und Kriterium unserer Freiheit, woraus sich die (später ausführlich begründeten) Basissätze ergeben: 1. Das Gewissen der Gläubigen muss sich über das Gesetz erheben, das heisst, »die ganze Gesetzesgerechtigkeit vergessen«, so dass man jeden Gedanken an (gute) Werke fallen lassen kann, denn »Christus allein ist unsere Gerechtigkeit«. 2. Das Evangelium macht das Gewissen von der Überforderung frei, sich der Maxime vollkommener Gesetzeserfüllung zu beugen. Auch mit unseren erst angefangenen und halbfertigen Werken, in denen ja auch einiges Gute steckt, dürfen wir vor Gott treten und deshalb seinem Ruf »heiter und freudigen Herzens« folgen. 3. Das Evangelium befreit das Gewissen von der

Ängstlichkeit im Umgang mit irdischen Gütern: »Den Reinen ist alles rein.« (Tit 1,15) »Wir sind durch keinerlei äußere Dinge, die an sich selbst Adiaphora [gleichgültig] sind, vor Gott in einer Weise gebunden, dass wir sie nicht unterschiedslos bald gebrauchen, bald unbeachtet lassen dürften«, wenn wir nur auf das Gewissen der anderen als selbstverständliche Schranke unserer Freiheit Rücksicht nehmen.

Die Felder, auf denen sich diese Regeln bewähren müssen, sind – mit einer kaum zu überschätzenden Ausstrahlung auf den ganzen europäischen Raum – vor allem die großen kulturellen Bereiche der Wissenschaft und Wirtschaft, der Politik und des Rechts. Calvin steht – wie auf andere Weise auch Zwingli – mitten im Umbruch und in der Unruhe der Zeit, die mit der neuen Welt der Renaissance über Europa gekommen ist. Es wird kein Zufall sein, dass das reformierte Christentum nur da Wurzel schlagen konnte, wo das Mittelalter politisch, wirtschaftlich und auch kulturell an sein Ende gekommen war. Es ist, wenn auch erst in ihren Anfängen begriffen, die moderne Welt und der moderne Mensch, durch die sich der Ethiker Calvin herausgefordert sieht. Das soll am Beispiel der Wirtschaft gezeigt werden.

Es ist das Klima Genfs, die städtische Kaufmannschaft und die mit ihr verbundene frühe industrielle Produktion, in deren Umkreis Calvin seine Ethik entwickelt hat. »Er ist unter den Theologen seiner Epoche«, urteilt André Biéler, einer der besten Kenner der Genfer Zeitgeschichte, »der erste, der mit großer Klarheit die providentielle Rolle erkannt hat, die Verkehr, Wirtschaft und folglich alle Handeltreibenden in der Gesellschaft und für die Erhaltung des Menschengeschlechts spielen.« (Biéler, 452) Mit wirtschaftlichen und finanziellen Gebräuchen war er wohl vertraut, ob es sich um die Aufnahme einer Anleihe zugunsten der vertriebenen Waldenser handelt oder um die Beratung eines Hugenotten über das Recht von

Zinsforderungen. Auf seinen Antrag hin wird in Genf zur Beschäftigung der Armen und Arbeitslosen mit Hilfe eines Staatskredits die Tuch- und Samtfabrikation als Heimarbeit eingeführt, und als diese Industrie infolge der Konkurrenz aus Lyon nicht mehr zu halten war, hat man im gleichen Geist später die Uhrenindustrie dort heimisch gemacht – aber im kapitalistischen Geist?

Genf als Handelsmetropole: Calvins Ethik reagiert auf Umbrüche der Neuzeit

»Die reformierte Konfession scheint, im Wuppertal ebenso wie anderwärts, im Vergleich mit anderen Konfessionen der Entwicklung des kapitalistischen Geistes förderlicher gewesen zu sein, förderlicher als z. B. das Luthertum ...« So liest man es in dem wohl bekanntesten Aufsatz von Max Weber über *Die protestantische Ethik und den Geist des Kapitalismus* (1904). Die auf Calvin zurückgehende

Ethik insbesondere in ihrer puritanischen Gestalt sei »bei der qualitativen Prägung und quantitativen Expansion jenes ›Geistes‹ über die Welt hin« an vorderster Stelle »mitbeteiligt« gewesen. Diese These ist inzwischen den ›Tod von tausend Einschränkungen‹ gestorben, vollends seit den neueren Arbeiten von Max Geiger, Helmut Eßer oder Ronald S. Wallace: Man kann den von Weber analysierten Calvinismus der Puritaner nicht gut mit den Absichten und Zielen des Genfer Reformators identifizieren. Sehr viel vorsichtiger als Weber urteilt der in diesem Zusammenhang immer wieder zitierte Ernst Troeltsch. Calvin ist ihm zufolge weder der Entdecker noch der inspirierende Geist moderner Wirtschaftsformen, sondern hat deren Vereinbarkeit mit christlichem Denken gesehen und den Genfer Verhältnissen entsprechend praktiziert. Insbesondere hat Troeltsch darauf hingewiesen, dass die klassische ökonomische Theorie seit Adam Smith die Grundlagen der Wirtschaft gemessen an Calvin »in geradezu entgegengesetztem Sinne« konstruiert hat. Gerade die von Max Weber ins Zentrum gerückte Prädestinationslehre mit dem ihr – fälschlich – unterstellten *syllogismus practicus,* dem Schluss vom Erfolg der Berufsarbeit auf die eigene Erwählung, hat das Ethos der »innerweltlichen Askese« kaum inspiriert. Calvin hat die Prädestinationslehre im Gegenteil in ihrer Schärfe eher vorgetragen, um derartigen Überlegungen entgegenzuwirken und das Gewicht der Gottesfrage nicht aus den Augen zu verlieren, das heisst, um die Gnade zuletzt nicht doch von menschlicher Mitarbeit abhängig zu machen. Als »Vater der Moderne« wird man ihn kaum in Anspruch nehmen können. Zu der stürmischen Entwicklung der Fabriken und Handelshäuser verhält sich seine Ethik eher wie ein Widerlager.

Man muss die großen sozialkritischen Reihenpredigten Calvins zum 5. Buch Mose lesen, um diesen Widerstand zu spüren. Nirgendwo begegnet das Schlüsselwort der *humanité* in so vielfältigen Variationen wie gerade dort. Begreiflicherweise ist das Flüchtlingselend jener Epoche, das sich in unseren Tagen noch vervielfacht hat, ein vordringlicher Anlass, an diese Humanität zu erinnern. »Es ist«, sagt Calvin, »als würde Gott uns eine Botschaft schicken, dass wir sie [die Flüchtlinge] aufnehmen und menschlich behandeln müssen, soweit wir es nur können.« Sein besonderes Augenmerk aber gilt der Kluft von Arm und Reich. Dass Eigentum verpflichtet, dass Gott nicht willkürlich Güter in die Hand der Reichen legt, sondern zu der »Bedingung, dass sie Gelegenheit und Möglichkeit haben, ihre bedürftigen Nächsten zu unterstützen« (CO 28,198), ist nicht eine Frage der Barmherzigkeit, sondern ein einklagbares Recht und als solches Ausdruck der von Gott selbst uns zugesprochenen, damit aber auch verbindlich gemachten Humanität. Wie wenig dies umstrittene Feld als Privatsache behandelt, vielmehr in die öffentliche Diskussion hineingezogen wurde, belegen die Auseinandersetzungen um Zins und Wucher. Calvin hat unter den damaligen Theologen als erster der eigenen Produktivkraft von Geld und Kredit Rechnung getragen und dementsprechend das Zinsnehmen grundsätzlich für legitim erklärt – unter dem Vorbehalt allerdings, dass der Zinssatz 5 Prozent nicht überschreitet, neuen Investitionen zugutekommt und so dem Gemeinwohl »mehr nützt als schadet«. Menschlichkeit, heute wie nie zuvor auf gerade diesem Feld gefordert, lebt nach reformiertem Verständnis aus der Quelle der Solidarität und des Erbarmens; sie lebt aus der Fähigkeit, sich in die materielle Not des anderen – sei es in der eigenen Stadt oder in der Dritten Welt – hineinzuversetzen. Wer über die Not des Bedürftigen hinwegsieht und ihm in Handel und Gewerbe das menschliche Recht angemessener Bedingungen (*équité et droiture*) verweigert, »führt Krieg gegen Gott« (CO 28,194). Calvin verbindet – nicht nur hier – auf eine konsequente und theologisch durchreflektierte Weise Lehraussagen und Handlungsanweisungen, so dass es ein Auseinanderfallen von Glaube und Lebensvollzug nicht geben kann.

4. Die Ekklesiologie

Die wichtigsten Entscheidungen des Reformationszeitalters sind dort gefallen, wo es um das Verständnis der Kirche, um ihre innere und äußere Ausrichtung und Gestaltung ging. Keiner der Reformatoren wollte eine neue Kirche gründen oder einen neuen Kirchenbegriff entwickeln. Sie wollten die Kirche des Apostolicums und der Urchristenheit, die *ecclesia catholica,* wiederherstellen und haben sich nur angesichts des unerbittlichen Widerstandes von Seiten Roms von der päpstlichen Hierarchie getrennt. Viele haben das damals als ein Provisorium empfunden und ihre Hoffnung auf ein allgemeines Konzil gesetzt. Das Tridentinum hat dann freilich all diesen Hoffnungen ein Ende gesetzt.

Schon der immense Umfang des vierten Buches der *Institutio* (1559) – seine Seitenzahl entspricht nahezu der Summe der drei vorangehenden! – zeigt, dass mit dem dort verhandelten Thema der Kirche alle theologischen Entscheidungen Calvins auf dem Prüfstand stehen. Denn neben und unabhängig von Rom, meldeten sich im 16. Jahrhundert in unterschiedlicher Lautstärke und Tonart auch noch andere Stimmen zu Wort. Es waren die Stimmen eines religiösen Individualismus und Spiritualismus, die wie die Bewegungen der Täufer und der sogenannten »Schwärmer« unter Berufung auf den Geist, der »weht, wo er will«, mit der institutionellen Kirche katholischer und evangelischer Provenienz nichts mehr anfangen konnten und nichts anfangen wollten. An beiden Fronten kämpft Calvin, an beiden versucht er mit der unverbrauchten Kraft eines neuen Entwurfs die altkirchlichen Bestimmungen noch einmal in Kraft zu setzen. Die Spannweite seiner theologischen Konzeption zeigt sich nirgends so deutlich wie eben hier. Reformiert sein, formuliert Karl Barth im Blick auf diese Aufgabe, heißt, »sich als Christ an seinen geschichtlichen Ort, d. h. in die geistige Gemeinschaft dieser besonderen, durch ihre Vergangenheit, und zwar durch ihre ältere schärfer als durch ihre jüngste Vergangenheit charakterisierten Kirche zu stellen«. (Barth, Reformierte Lehre, 211)

NON PLURIMA, PAUCA SED APTÈ.

Genff. in Italia.

Efficit ars magnum: doctrinæ parta labore Corpore in exili gratia sæpe latet.

Genf als Ketzerfestung: Gravur aus dem *Thesaurus philo-politicus* von David Meisner (1624)

Erwählung (Prädestination)

Da sind zunächst die neu aufgebrochenen Fragen. Wie kann man beides zugleich sagen: dass die Kirche *Gottes* Werk ist und gerade als *solches* auch eine menschlich-geschichtliche Wirklichkeit? Wie geht man mit der Spannung um, dass sich diese Kirche mit einem soziologisch greifbaren, empirischen Kirchentum nicht ohne weiteres zur Deckung bringen lässt? Es gibt neben der *wahren* Kirche eben auch eine *Schein*kirche, neben der Schar derer, die »bis zum Ende beharren«, auch die Masse der Namenchristen. Auf diese Fragen geht Calvin ein, indem er (in der Nachfolge Augustins) die Kirche unmittelbar auf den Gedanken der *Erwählung,* der Prädestination, begründet, die ihre erste lehrmäßige Fassung dieser Problemstellung verdankt. Die Kirche ist »die Gesamtzahl der Erwählten«, ob sie Engel sind oder Menschen, ob Tote oder Lebendige, »in welchen Ländern sie auch leben und unter welche Völker sie auch zerstreut sein mögen«. Es ist »*eine* Ecclesia und Societas und *ein* Volk Gottes, dessen Führer und Fürst Christus, unser Herr ist, wie das Haupt am Leibe. In ihm sind sie alle durch Gottes Güte vor Grundlegung der Welt erwählt.« (Inst [1536], OS I,87)

Man kann im Blick auf dieses erste Auftreten der Prädestinationslehre unmöglich sagen, sie sei Ausgangs- und Mittelpunkt der Theologie Calvins. Das wird sie auch nicht in der sehr viel breiteren und ungleich pointierteren Fassung der *Institutio* von 1559. Auch dort legt sie sich als eine Art Klammer um die Ekklesiologie. Sie ist als »freie Gnadenwahl« der die Kirche konstituierende Grund: »Gott allein weiß, wer die Seinen sind … So muss man ihm allein die Erkenntnis seiner Kirche überlassen, deren Fundament die verborgene Erwählung ist.« (Inst IV,1,2) Mit der Frage nach sich selbst wird die Kirche jederzeit über sich hinaus verwiesen. Sie kann sich weder aus ihrer Mitgliederzahl noch aus ihrer inneren oder äußeren Lebendigkeit begründen; ihre Wahrheit geht in ihrer sozialen Gestalt nicht auf. Die Erwählung muss vielmehr die Erinnerung an den in ihr gegenwärtig handelnden Christus wachhalten. Deshalb kann man die Kirche nur »glauben«, indem man sich selbst für einen Mitberufenen und Miterwählten hält, also den Zuschauerstandpunkt verlässt (zu dem die Prädestinations*lehre* verführt) und sich stattdessen an die mit Christus uns gegebene Antwort hält: an den *guten* Willen Gottes gegen uns. Ein abstraktes Kriterium ist die Erwählung gerade nicht.

Dennoch klingen diese Begründungen in modernen Ohren sehr »abgehoben« und sehr fern. Wen beunruhigt heute schon die Frage nach der eigenen Erwählung? Welche Kirchenleitung fragt auch nur nach ihr? Der moderne Protestantismus, auch der reformierte, hat freilich schon im letzten Jahrhundert den Prädestinationsgedanken über Bord geworfen und sich dafür mit einer Fülle anderer Probleme belastet, die Calvin mit der Einschaltung dieses Gegengewichts gerade vermeiden wollte: etwa mit einer bedenklichen moralischen Überanstrengung bzw. Verflachung, mit dem Blick auf die Statistik der Tauf- und vor allem der Austrittszahlen und dem oft genug hilflosen Versuch, die Gläubigen durch eine Fülle von Betriebsamkeiten und Aktivitäten bei der Stange zu halten. Von derlei Sorgen spürt man bei Calvin nichts – nicht nur, weil er in einer anderen Zeit lebte, sondern weil ihm das Widerlager der Prädestination in einer ganz anderen Weise den Rücken freihielt. Wir stehen vor dem paradoxen Sachverhalt, dass gerade das scheinbar Unsichere der Prädestination, die unbedingte Freiheit des göttlichen Erwählens, ihm die Möglichkeit gab, oder richtiger: von ihm als Möglichkeit in Anspruch genommen wurde, beim Aufbau der sichtbaren Gemeinde sehr viel energischere Schritte zu tun, als uns heute ratsam zu sein scheint. »Ihr Heil«, sagt Calvin von den Erwählten, und er denkt dabei nicht zuletzt an die verfolgten hugenottischen Gemeinden, »stützt sich auf so sichere und solide Pfeiler, dass es, auch wenn die ganze Welt zusammenbräche, nicht fallen und stürzen kann. ... Mögen sie darum zittern oder hin- und her geworfen werden, mögen sie auch fallen, so können sie doch nicht untergehen, weil der Herr sie mit seiner Hand hält.« (Inst [1536], OS I,87) Mit dieser Gewissheit im Rücken beginnt er die Kirchenreform. Denn die unsichtbare Kirche, von der diese Sätze reden, ist alles andere als eine bloß ideale Größe, eine *civitas platonica*. Sie will in der sichtbaren Welt des 16. Jahrhunderts Gestalt annehmen. Sie existiert nicht irgendwo außerhalb, sondern *innerhalb* der erfahrbaren, »verfassten« Kirche. Sie ist ihr »gestaltbildendes Element« (O. Weber). Die »geglaubte«

Kirche drängt mit innerer Notwendigkeit auf ihre Realisierung in einer sichtbaren und erfahrbaren Kirche.

Die Kanzel im Mittelpunkt: Eine calvininistische Kirche, der *Temple du Paradis* in Lyon

Kirchenordnung

Aus diesem Grund sind alle Fragen der Kirchenleitung und -ordnung für Calvin keine belanglosen Äußerlichkeiten. Aus diesem Grund ist vollends die innere und äußere Unabhängigkeit der Kirche gegenüber weltlichen Machtansprüchen – am deutlichsten im historischen Konflikt mit dem zwinglianischen Staatskirchentum Berns – keine Frage, die sich je nach den Zeitumständen so oder auch anders lösen ließe. In beiden Fällen, Kirchenleitung und Kirchenordnung – das zeigen die Auseinandersetzungen in Genf – steht gerade hier ihr Wesen und ihr Auftrag auf dem Spiel.

Was Calvin von alledem in die Praxis umgesetzt und in den späteren Ausgaben der *Institutio* festgehalten hat, hat er nicht zuletzt während seines Straßburger Aufenthalts unter dem Einfluss Martin Bucers gelernt und entwickelt. Bucer hat zum ersten Mal den Versuch unternommen, das eigenständige Leben der Kirche vom Neuen Testament her zu begründen und die Ordnung der Kirche dementsprechend zu gestalten. Er ist es auch gewesen, der sich für eine von der Gemeinde selbst, durch ihre Ältesten und Pfarrer, und *nicht* durch staatliche Organe auszuübende Kirchenzucht eingesetzt hat, die sich in seelsorgerlicher Ermahnung, notfalls durch Ausschluss vom Abendmahl, auf keinen Fall aber durch zivile Strafen, vollziehen sollte.

Calvins eigenes Straßburger Arbeitsfeld war vor allem die französische Flüchtlingsgemeinde. Für deren inneren und äußeren Aufbau hatte er freie Hand, in einem weit höheren Maße, als Bucer sie dem Rat gegenüber in der rechtlichen Organisation der Stadtgemeinde hatte, von den Verhältnissen in Genf gar nicht zu reden. Es lag in der besonderen Herkunft und Struktur dieser Gemeinde, dass seine Tätigkeit dort von einer lebendigen, innerlich aktiven Beteiligung getragen wurde. Einen erkennbaren Schwerpunkt bilden in dieser Zeit Fragen der Gottesdienstordnung und der Liturgie. Die *Predigt* ist das Zentrum jedes Gottesdienstes. Das *Abendmahl* wird alle vierzehn Tage gefeiert und soll möglichst den Charakter eines wirklichen Mahles haben. Alles, was an Altar und Messe, vollends an die Anbetung der Hostie erinnert (Kerzen, kniender Empfang) wird abgeschafft. Die Teilnehmer sitzen um den mit weißem Leinen gedeckten Abendmahlstisch und lassen sich in einer sichtbaren Gemeinschaft Brot und Wein reichen. Die *Taufe* findet im Rahmen des Gottesdienstes (nicht in einer angehängten Feier) vor versammelter Gemeinde statt. Während Zwingli zunächst alles Singen und Musizieren, auch die Orgeln aus den Kirchen verbannt hatte, gingen die Straßburger andere Wege und haben sich schon früh um den Gemeindegesang bemüht. Calvin wies ihm einen festen Platz im Gottesdienst zu und gab zu diesem Zweck ein französisches Psalmenbuch heraus, das achtzehn biblische Psalmen sowie den Lobgesang des Simeon, den Dekalog und das Apostolicum in Liedform enthielt. Die Übertragung von fünf Psalmen hat er selbst besorgt, während die übrigen Stücke von dem bekannten Dichter Clément Marot stammen.

Man erkennt es spätestens an diesen mit Sorgfalt und Konsequenz durchgeführten Reformen: Es ist die *sichtbare* Kirche, auf die die prädestinatianische Grundlegung zielt. Wenn wir auch nicht mit letzter Gewissheit wissen, *wer* die Erwählten sind, so haben wir doch bestimmte *Kennzeichen (notae)*, an denen wir uns orientieren können. Den evangelischen Konsens hat das *Augsburger Bekenntnis* in Artikel 7 formuliert, und zwar in einer bestechenden Objektivität: Kirche ist dort, wo »das Evangelium rein gelehrt und die Sakramente richtig [das heißt schriftgemäß] verwaltet werden«. Das schwierige Problem, wie das Unsichtbare im Sichtbaren sich darstellen könne, ohne seine »Objektivität« zu verlieren, also zu etwas Zufälligem, Menschlichem und Beschränktem zu werden, scheint hier auf das Glücklichste gelöst zu sein. Und doch hat sich Calvin mit diesen Formulierungen des *Augsburger Bekenntnisses,* das er 1541 in Regensburg immerhin selbst unterschrieben hat, nicht zufrieden gegeben. Er akzeptiert den hier umschriebenen Kirchenbegriff nur als einen Notbehelf angesichts der Tatsache, dass wir über die Zugehörigkeit des *Einzelnen* zur »wahren« Kirche keine letzte Gewissheit haben können, und tut auch das nicht, ohne ihn durch einige charakteristische Umformulierungen zu verschärfen: »Wo das *Wort* Gottes [nicht nur das Evangelium] unverfälscht [*sincere,* nicht nur »rein«] *gepredigt* [also nicht nur »gelehrt«] und [– gerade dieser Zusatz ist wichtig –] *gehört* wird, und wo die Sakramente nach *Christi Einsetzung* [nicht nur »richtig«] verwaltet werden« – wo wir das alles sehen, da sollen wir nicht zweifeln, es mit einer Gestalt der Kirche zu tun zu haben, die er freilich durch die lateinische Wendung *illic esse aliquam ecclesiam* gegenüber dem allzu sicheren *est autem ecclesia* des *Augsburger Bekenntnisses* ebenfalls unter einen Vorbehalt stellt (Inst IV,1,9). Doch hat er damit schon gefunden, wonach er suchte? Während der ganze Duktus der *Augustana* auf die objektiv fassbare *Lehre* hinausläuft, zielt seine Frage von Anfang an auf die *Beziehung* zwischen Gott und den in der Kirche versammelten Menschen, die für den »Leib Christi« und darum auch füreinander Verantwortung übernehmen. Man hat wohl mit Recht gesagt, dass ihm dabei zuletzt das Bild der *ecclesia militans* vor Augen stand, einer streitbaren, manövrier- und aktionsfähigen Gemeinde, die den Herausforderungen der Gegenreformation gewachsen wäre. Darum zielt sein Katalog der *notae* (der Erkennungszeichen) vornehmlich auf bestimmte *subjektive* Merkmale, an denen die Zugehörigkeit zur Kirche, der Stand der »Erwählung«, sich ausweisen müsse. Man soll – hier melden sich die Erfahrungen der »nikodemitischen« Kämpfe – 1. auf das Bekenntnis eines Menschen sehen, 2. auf das Beispiel, das er mit seinem Leben gibt, und 3. auf seine Teilnahme an den Sakramenten. Von hier aus ist es nur noch ein Schritt zur Etablierung der Kirchenzucht, die er für schlechthin unerlässlich hält, damit nicht Menschen zur Kirche gezählt werden, die ihr das Aussehen einer Verschwörung von »Verbrechern und Gottlosen« geben könnten.

Damit erst ist das Problem der Kirchenordnung und -leitung in der Bestimmtheit gestellt, die Calvin so viel Feindschaft eingetragen hat. Hier wie dort soll die Herrschaft Christi über seine Gemeinde ihren (auch rechtlich) verbindlichen Ausdruck finden. Der dem Genfer Rat vorgelegte und von ihm gebilligte Entwurf, die *Ordonnances ecclésiastiques* von 1541 und 156l, entsprach nicht einfach Calvins Idealvorstellung. Die findet man in der *Institutio,* in der er, angeregt

Calvin, der Schrifttheologe – ein
Porträt aus Bibelzitaten
(Deutschland, 18. Jh.)

durch Martin Bucer und das Straßburger Vorbild, das Gemeindele-
ben vom Neuen Testament her zu ordnen unternimmt, wonach die
Kirche sich selbst eine dem Evangelium gemäße Gestalt gibt. Die
synodal-presbyteriale Verfassung, die strikt durchgeführte Trennung
von Kirche und weltlichem Magistrat, ist in der *Institutio* denn auch
das Herzstück des Ganzen. Dass sich dies unter Genfer Verhältnissen
nicht zufriedenstellend realisieren ließ, ist *eines.* Ein *anderes* ist das
unausrottbare Vorurteil, er habe in Genf eine Theokratie, eine theologisch legitimierte Vermischung von Staat und Kirche, errichten
wollen, was durch alle von ihm überlieferten Aussagen widerlegt
wird. Sein erklärtes Ziel ist im Gegenteil die Entflechtung dieser
beiden »Regimente«, damit die Kirche nach Maßgabe des Wortes
Gottes aufgebaut werden könnte.

So ist das *vierfach gegliederte Amt* – Pastoren, Doktoren, Älteste und Diakone (Inst IV,3,3–9) – weder aus der kritischen Umbildung vorhandener Amtsformen, noch aus dem Aufbau des neu verstandenen Gottesdienstes hervorgegangen. Es entsteht aus der bibeltheologischen Besinnung auf die unverzichtbaren Aufgaben der Kirche: »Weder Licht und Wärme der Sonne, noch Speise und Trank sind ... zur Erhaltung des gegenwärtigen Lebens so notwendig wie das Amt der Hirten und Apostel zur Bewahrung der Kirche.« (Inst IV,3,2) Ämter sind Funktionen am Leib Christi. Sie empfangen ihre Würde von dem *Dienst,* den sie ausüben; sie begründen keinen »Stand«. Darum tritt an die Stelle des Weihesakraments der römischen Kirche als einzige Voraussetzung die Berufung durch die Gemeinde (*vocatio externa*). Es ist ein biblischer, vielleicht muss man sogar sagen: ein biblizistischer Entwurf, der freilich zwei unübersehbare Vorzüge hat: einmal die Einbindung der Ämter in eine klare *Leitungsstruktur,* sodann – modern gesprochen – den Ansatz einer Handlungstheorie der Kirche, der sie als *Dienstgemeinschaft* ausweist.

Auftrag der Kirche

Die Kirche ist kein Selbstzweck. Sie ist um der Menschen willen da, in deren Mitte sie lebt. Im Zentrum der pastoralen Bemühungen Calvins steht die Gemeinde, die sich als »unversehrte«, reine Braut Christi um den Abendmahlstisch versammeln soll. In ihrer Lebenspraxis, in den geschichtlichen Entwicklungen und Ereignissen, auf die sie Einfluss nehmen kann, soll Gottes Reich zeichenhaft sichtbar werden. Darum ihre so stark betonte Verantwortung für gesellschaftliche Gerechtigkeit in Wirtschaft und Politik. «Die Überzeugung, dass Gottes Wort Anspruch auf alle Bereiche des menschlichen Lebens erhebt, ist eine Konstante der reformierten Tradition durch alle Jahrhunderte.» (L. Vischer, 305) Zugleich aber wusste die erste Generation, dass neue Herausforderungen auf sie zukommen könnten, die neue Antworten verlangen würden. Sie war bereit, jede Einsicht zu akzeptieren, die »uns näher zu Christus führt und im Licht von Gottes Wort dem allgemeinem Frieden besser zuträglich ist« (Berner Synodus, 1532). Dafür spricht am deutlichsten der Fortgang ihrer Geschichte: Während sich im 16. Jahrhundert die Rolle der Gemeinde bei der Wahl der Pfarrer auf bloße »Zustimmung und Bestätigung« beschränkte, nimmt sie heute bei deren Berufung selbstverständlich eine Mitverantwortung wahr. Während die missionarische Sendung der Kirche noch kein Thema der calvinischen Reformen war, wurde die *Westminster Confession* 1902 um den Auftrag erweitert, alle Völker zu Jüngern Christi zu machen. Während die Juden allenfalls Objekt christlicher Missionsbemühungen waren, formuliert die Niederländisch-reformierte Kirche in ihren *Perspektiven des Bekennens* von 1949: »Die Gemeinde Jesu Christi ist nicht voll aufgewachsen und das Reich Gottes nicht zu voller Offenbarung gelangt, solange Israel nicht ... zu seinem Messias zurückgebracht ist.« Während man die Spaltung der Konfessionen nach dem Augsburger Religionsfrieden als *fait accompli* hinzunehmen bereit war, stellte Philippe du Plessis-Mornay schon gegen Ende des 16. Jahrhunderts die These auf, dass die Kirche Jesu Christi in *allen* Kirchen gegenwärtig sei, ein Gedanke, der drei Jahrhunderte später zur Gründung der Evangelischen Allianz und des Ökumenischen Rates führte. Die reformierte Identität lässt sich nicht schon in der – *sit venia verbo* – »Gefriertruhe« ihrer Tradition finden. Sie muss in dem Prozess, den diese Tradition angestoßen hat, neu erarbeitet werden.

Kirchenzucht

Die hier erstellte Skizze wäre indessen unvollständig, wenn der Blick nicht auch auf das uns fremdeste Stück der Genfer Kirchenordnung fiele, auf die Kirchenzucht, die das Bild Calvins und seiner Kirche nachhaltig verdunkelt hat. Dabei vergisst man leicht, dass auch die lutherische Kirche dieses Instrument kannte und Bonhoeffer in aller Form für seine Erneuerung eingetreten ist – in einem Text, der sich wie ein aktueller Kommentar zu Calvins Ausführungen liest. Um ein »Sondergut« Genfs handelt es sich also nicht, auch wenn das Thema dort besonders rigoros praktiziert wurde.

Jeder Christ muss auf seinen Glauben und Lebenswandel geprüft werden, und über beides wachen die Ältesten, in deren Kreis Ratsherren (aus jedem Quartier einer) gewählt werden, *afin d'avoir l'œil partout,* wie es in gefährlich inquisitorischer Sprache heißt (CStA 2, 254.13). Alljährlich vor dem österlichen Abendmahl sollen die Pastoren in Begleitung eines Ältesten von Haus zu Haus gehen und die Bewohner, besonders das Dienstpersonal und Fremde, auf ihren Glauben prüfen. Wer das Bekenntnis nicht aufsagen kann, wird ausgeschlossen, für unwürdig Befundene werden vor das Konsistorium geladen. Bei Verächtern der kirchlichen Ordnung greift die Obrigkeit ein. Wer grundlos dem Abendmahl fernbleibt, wird für ein Jahr aus der Stadt verwiesen.

Dass diese in anderen Städten kaum weniger streng durchgeführte Praxis nicht unumstritten war, zeigt der besonnene Einspruch Bullingers, der von der »Prüfung vor dem Abendmahl« als einer »Vorbereitung der Ohrenbeichte, dem verderblichsten Übel in der Kirche«, entschieden abrät. Calvin hat die Kirchenzucht mit einer oft zitierten Metaphorik gerechtfertigt, um der sonst drohenden »völligen Auflösung« (*extrema dissipatio*) der Kirche zu begegnen: »Wie die Lehre Christi ihre *Seele* ist, so steht die Disziplin für die *Sehnen;* sie bewirkt, dass die Glieder des Leibes, jedes an seinem Platz, miteinander verbunden bleiben.« (Inst IV,12,9) Weniger bekannt ist, dass er sich in aller Form gegen die »maßlose Strenge« der Alten Kirche verwahrt hat. Auch die härteste Strafe, der Ausschluss vom Abendmahl, gebe der Kirche nicht das Recht, Menschen »für immer aus der Zahl der Erwählten zu tilgen oder an ihnen zu verzweifeln, als ob sie bereits verloren wären«. Soll aus dem Heilmittel kein Gift werden, so genüge es, ihnen diese Möglichkeit vor Augen zu stellen und sie »zum Heil zurückzurufen«. Gelingt das, dann steht ihrer Wiederaufnahme in die Gemeinschaft nichts mehr im Wege (Inst IV,12,10). Denn Gott kann die Schlimmsten in Beste verwandeln, er kann Fremde hereinholen und Draußenstehende zu Drinnenstehenden machen. Deshalb soll niemand die Person des anderen verdammen, sondern sich damit begnügen, dessen Taten nach dem Maßstab des göttlichen Gesetzes einzuschätzen. Nur ihn zu bessern, ihn zur Gemeinschaft und Einheit der Kirche zurückzuführen und zu ermuntern, bessere Früchte zu bringen, kann Sinn und Absicht der Kirchenzucht sein. Darum ermahnt er,»mit Worten, also sanft und väterlich zurechtzuweisen, nicht in der Absicht, den Sünder innerlich zu zerbrechen oder zu verbittern, vielmehr ihm die Augen über sich selbst zu öffnen, damit seine Freude, auf den rechten Weg zurückgeführt zu sein, größer ist als der Schmerz über den damit verbundenen Tadel« (Inst IV, 12,8).

In der ersten Ausgabe der *Institutio* (1536) ist Calvin noch einen bemerkenswerten Schritt darüber hinausgegangen, woraus man sieht, dass er sich der Zweideutigkeit und Gefahr dieses Instrumentes durchaus bewusst war. Dort liest man:

So sind auch die Türken und Sarazenen und andere Feinde der wahren Religion zu behandeln. Ganz abzulehnen, ist das Verfahren, mit dem bisher viele unternommen haben, sie zu unserm Glauben zu bekehren, indem sie ihnen Wasser, Feuer und die gemeinsamen Lebensnotwendigkeiten [communia elementa] versagen, alle Pflichten der Menschlichkeit ihnen verweigern und sie mit Eisen und Schwert verfolgen. (OS I, 91)

Damit ist das Problem der *Toleranz* angesprochen, das sich über Jahrhunderte mit dem Prozess gegen Servet verbunden hat. Genf wird seitdem auch in renommierten Lehrbüchern als ein Ort beschrieben, wo »harter Dogmenzwang« herrschte und »Gewissensfreiheit … verabscheut« wurde (K. Heussi). Gewiss, die zitierte Äußerung ist in spätere Ausgaben der *Institutio* – leider – nicht mehr eingegangen. Doch Robert M. Kingdon, der Herausgeber (und wohl beste Kenner) der Genfer Ratsprotokolle, ist überzeugt, dass man in Kenntnis dieser zeitgenössischen Quellen an dem tradierten Calvin-Bild nicht länger festhalten könne. Historisch ist es so gewesen, dass sich jener Prozess, unterstützt von Gutachten aus Bern,

MICHAEL SERVETVS HISPANVS DE ARAGONIA.

Das Problem der Toleranz: Der Prozess gegen den Antitrinitarier Michel Servet (Karl van Sichem, 1609)

Basel, Zürich und Schaffhausen, auf dem Boden des geltenden Rechts bewegte. Calvin hat vergeblich für eine mildere Art der Hinrichtung plädiert, sich in seiner späteren Verteidigungsschrift jedoch zum Anwalt einer Rechtspraxis »christlicher Obrigkeit« gemacht, die zwar der damaligen Zeit entsprach, in ihrer theologischen Begründung heute aber kaum nachvollziehbar ist (CStA 4,166ff.). Diese Schrift rief den Humanisten und Theologen Sebastian Castellio auf den Plan, der mit seinem energischen Plädoyer, in Glaubensdingen auch gegen Irrlehrer keinen Zwang auszuüben, zum Vorkämpfer moderner Toleranz geworden ist. Peter Opitz weist mit Recht darauf hin, dass man Calvins Argumentation jenseits historischer »Erklärungen« auch in einem mentalitätsgeschichtlichen Kontext verorten müsse und fragt, ob seine Theologie ihn nicht »zum Bruch mit der im Servetprozess angewendeten Rechtstradition hätte führen können« (Opitz, Einleitung, 159ff.).

Hier zeigt sich eine Grenze der Reformation. Auf den Widerspruch zwischen dem neu entdeckten Evangelium und einer mit staatlicher Gewalt durchgesetzten »Religion« ist sie nicht aufmerksam geworden. Das Potential dazu hatte sie, auch wenn es im 16. und 17. Jahrhundert kaum zur Wirkung gekommen ist. Gerade die von Calvin bestimmten Kirchen haben für die spätere Ausbildung der Freiheits- und Menschenrechte in drei Bereichen einen wichtigen Beitrag geleistet: in der Forderung der Religionsfreiheit (oft im Existenzkampf um die eigene Kirche), in der starken Betonung des Bundesgedankens und schließlich mit ihrem synodal-presbyterialen System, das einen erheblichen Einfluss auf Begründung und Struktur moderner Demokratien ausgeübt hat. Hier hat die Ehre Gottes ihr weltliches Gleichnis gefunden.

Calvins Ausstrahlung
über Genf hinaus:
Calvin-Statue in
Mátészalka, Ungarn

ABKÜRZUNGEN UND LITERATUR

Abkürzungen

CA   Confessio Augustana (Augsburger Bekenntnis von 1530)

CO   Lateinische Gesamtausgabe der Werke Calvins: Joannis Calvini
Opera quae supersunt omnia, ed. G. Baum, E. Kunitz, E. Reuss,
Braunschweig 1887ff. (Corpus Reformatorum Bde. 28–55).

CStA   Calvin Studienausgabe (zweisprachig), hg. von E. Busch,
Chr. Link u. a., Neukirchen 1994ff.

OS   Lateinische Auswahl-Ausgabe: Joannis Calvini Opera Selecta,
ed. P. Barth, W. Niesel, München 1926ff.

Inst [1536]   Institutio Christianae Religionis, 1536

Inst I–IV   Institutio Christianae Religionis, letzte Ausgabe 1559
(dt. Übersetzung von O. Weber:»Unterricht in der christlichen
Religion«, Neukirchen ³2009)

Zitierte Literatur

K. Barth, Die Theologie Calvins (1922), Karl Barth-Gesamtausgabe, Bd. 23,
Zürich 1993
– , Reformierte Lehre, ihr Wesen und ihre Aufgabe (1923),
Karl Barth-Gesamtausgabe, Bd. 19, Zürich 1990

A. Biéler, La Pensée Économique et Sociale de Calvin, Genève 1961

D. Bonhoeffer, Sätze über Schlüsselgewalt und Gemeindezucht im
Neuen Testament (1937), in: Dietrich Bonhoeffer Werke, Bd. 14,
Gütersloh 1996, 829–843

B. Cottret, Calvin. Eine Biographie, Stuttgart 1998

E.A. Dowey, The Structure of Calvins Thought as Influenced by the Twofold Knowledge of God, in: W. H. Neuser (Hg.), Calvinus Ecclesiae Geneviensis Custos, Frankfurt 1984

H.H. Eßer, Calvins Sozialethik und der Kapitalismus, in: Hervormde Teologiese Studies 48, 1992, 783–800

M. Geiger, Calvin, Calvinismus, Kapitalismus, in: Ders. (Hg.), Gottesreich und Menschenreich (Festschrift für E. Stähelin), Basel-Stuttgart 1969

K. Heussi, Kompendium der Kirchengeschichte, Tübingen [18]1991

A. Lefranc, Introduction à la nouvelle Édition de l'Institution, Genève 1911

G. W. Locher (Hg.), Der Berner Synodus von 1532, 2 Bde., Neukirchen 1984 und 1988

W. Nijenhuis, Calvinus Oecumenicus, Leiden 1959

P. Opitz, Calvins theologische Hermeneutik, Neukirchen 1994
–, Einleitung zu Calvins »Verteidigung der ›orthodoxen‹ Trinitätslehre gegen Servet« (1554), in: CStA 4, 151–163.

H. Scholl, Reformation und Politik. Politische Ethik bei Luther, Calvin und den Frühhugenotten, Stuttgart 1976

E. Troeltsch, Die Soziallehren der christlichen Kirchen und Gruppen, Tübingen 1923

R.S. Wallace, Calvin, Geneva and the Reformation, Edinburgh 1988

M. Weber, Die protestantische Ethik und der Geist des Kapitalismus, in: Gesammelte Aufsätze zur Religionssoziologie I, Tübingen [6]1972, 17–206

L. Vischer, Kirche – Mutter aller Gläubigen, in: M. Welker, D. Willis (Hg.), Zur Zukunft der reformierten Theologie, Neukirchen 1998, 295–322